주일 오후 3시, 생각을 줍다

주일 오후 3시, 생각을 줍다

송미현 글 / 그림

좋은씨앗

추천의 글

오늘날 많은 이들이 긴 호흡의 책읽기를 힘들어한다. 짧고 재미있는 글, 그러나 통찰력 있는 글을 선호한다. 그런데 불행히도 기독교는 많은 사고와 성찰을 해야 그 진수를 깨달을 수 있다. 이런 깊이 있는 진리를 어떻게 현대인들에게 대중적으로 전달할 것인가? 이 책은 이런 어려운 과제를 참 쉽게 해결하고 있다. 기독교의 중요한 주제들을 꽤 심도 있게, 그러나 재미있게 전개해나간다. 재미난 그림과 함께. 기독교 신앙과 관련해 고민은 하지만 진지한 책을 읽는 즐거움을 아직 발견하지 못한 이가 주변에 있다면 이 책을 선물하라. 각 장 말미에 소개된 책들이 한 걸음 더 깊은 '거룩한 독서'로 이끌어 갈 것이다. 그래서 길어도 길어도 마르지 않는 샘을 발견하게 할 것이다. 참 재미있고 귀한 책이다.

김형국 하나복DNA네트워크 대표, 신학박사

그리스도인이 한번은 정리해야 할 주제들을 만화라는 쉽고 직관적인 형식으로 들려주고 보여주는 독특한 책이다. 나는 두 가지 면에서 이 책이 좋다. '재미'와 '깨달음'이다. 이 책의 이미지 한 컷 한 컷은 그 자체로 공들여 그린 재밌는 작품이다. 보다가 킥킥 웃게 되는 장면이 많다. 충분히 재밌다. 다른 한 면은 이 책의 진지함, 즉 신학적 깊이다. 작가는 주제를 설명할 수 있는 핵심 문장을 찾아낸다. 이 문장을 찾기 위해 그가 얼마나 깊이 그 주제를 묵상하고 공부했는지 느껴진다. 재밌게 읽다가 찾아오는 특별한 '깨달음'에 감탄하게 된다. 둘 중 하나만 있어도 읽어볼 만한데 이 책은 둘 다 갖추었다. 이후로도 계속 작가의 귀한 작업 결과물들을 볼 수 있길 기대한다.

조영민 나눔교회 담임목사, 『교회를 사랑합니다』 저자

발랄하고 생생한 일상의 언어와 그림으로 묵직한 신학과 신앙의 주제들을 산뜻하게 담아낸 작품이다. 나눔의 복, 시대의 정의, 연인들의 사랑 표현, 성평등과 육아 등에 대한 작가의 실제 경험과 잔잔한 성찰이 생활 영성의 가치와 아름다움을 선사한다. 주일 오후 3시, 삼삼오오 짝지어 잠깐의 독서와 책 수다의 즐거움에 빠지기 딱 좋다.

김순영 서울한영대학교 구약학 초빙교수, 『일상의 신학, 전도서』 저자

대체로 많이 들으면 아는 것 같고 익숙하면 지나친다. 너무 현실적인 내용은 외면하기 쉽다. 그런 주제들을 묶어 작가가 대신 질문해준다. 문제의식을 가지고 깊이 사고한 여러 범주의 글이 독창적이고 감성

풍부한 그림에 담겨 있다. 짧지만 핵심과 맥락을 잘 잡아낸 세 목사의 글로 각 부를 여는 방식도 신선하다. 가벼운 마음으로 읽기 시작했는데 사느라 바빠서 잠시 묻어두었던 생각들이 고개를 들며 차분히 글과 그림을 따라가게 된다. 긴 호흡의 글이 아직 부담되는 이들에게 추천한다. 물음표로 시작해 느낌표로 끝나는 책이다.

서자선 독서모임 인도자

CONTENTS

5 ──── 추천의 글
10 ──── 작가의 글

1부 초점 잘 맞는 안경으로 세상 보기

14 ──── 1부를 열며 / 이정규
19 ──── #복
31 ──── #정의
41 ──── #배우자
55 ──── #스킨십
67 ──── #성평등
83 ──── #성숙

2부 하나를 알아도 제대로, 정확히

94	————	2부를 열며 / 이재국
99	————	#기도
113	————	#예배
123	————	#말씀
133	————	#교회
143	————	#회개
153	————	#희년
173	————	#성탄

3부 그리스도인으로 산다는 것

186	————	3부를 열며 / 황영광
191	————	#인도하심
203	————	#본
213	————	#소명
223	————	#습관
235	————	#싫증

작가의 글

생각이라는 단어는 나와 어울리지 않는다. 천성적으로 조금 게으르고, 좋은 게 좋은 거라고 여기며 사는 성격이기 때문이다. 그런 내가 20대 중반, 신학대학원이라는 과정을 지나며 "그리스도인이란 무엇인가"라는 질문을 붙들기 시작했다. 신학생 시절 20년 평생 읽은 것의 몇십 배는 되는 책을 읽고 밤새워 공부했다. 하지만 현장에서 만난 한국 교회의 민낯보다 더 큰 공부는 없었다. 그리스도인 직장인으로, 가정을 꾸려 워킹맘으로 살고 있는 지금까지 기독교 신앙의 본질을 묻는 질문을 멈추지 않으려 애쓰고 있다. 그렇지 않았다면 나는 어쩌면 신앙의 골짜기 어딘가에서 빠져나오지 못하고 교회와 상관없는 사람이 되었을지도 모른다.

이 책에 실은 이야기들은 나와 같은 사람들과 나누고 싶은 대화다. 어쩌면 다 보고 나서도 시원하지 않을 것이고, 그래서 뭐 어쩌라는 건가 싶기도 할 것이다. 질문을 던진 나조차 머리로만 답을 찾았고 삶으로는 찾아가는 중이니 당연하다. 그저 교회 다니기 부끄러워진 이 시대에 나도 당신과 같은 생각과 고민을 하고 있다고, 함께 해보자고 손 내밀고 싶었다. 신학을 배웠고 그림 그리는 사람으로서 할 수 있는 일이 무엇일까 생각하며 이야기를 하나하나 엮어 갔다.

나 혼자의 힘이었으면 세상에 나오지도 못했을 원고에 용기를 주고 모든 원고의 처음과 끝을 다듬어준 이정규 목사님, 신학 블로그 <진짜배기>에 자리를 마련해주고 '생각주머니'를 꾸준히 연재할 수 있도록 기회를 주고 홍보도 해준 이재국 목사님과 황영광 목사님, 처음으로 지면에 연재되는 기회를 준 월간고신 <생명나무> 박진필 부장님께 감사드린다. 마지막으로, 삶으로 복음을 보여주는 남편과 존재만으로 힘이 되어주는 아들 예찬이에게 특별한 고마움을 전한다.

주일 오후 3시, 누군가에겐 주일 봉사로 지쳐갈 무렵이고, 누군가에겐 예배를 드리고 쉼을 누릴 시간이며, 누군가에겐 아이와 씨름하느라 예배를 드린 것 같지도 않은 주일을 마무리하는 때일 것이다. 그 각자의 시간 속에서 작은 도전과 큰 공감, 따스한 여운을 나누는 책이 되길 소망한다.

송미현

1부
초점 잘 맞는 안경으로 세상 보기

#복
#정의
#배우자
#스킨십
#성평등
#성숙

1부를 열며 / 이정규

진정한 기독교란 무엇인가?

진정한 기독교란 무엇입니까? 사실 이 질문은 한편으론 슬프고, 다른 한편으론 교만한 것일 수 있습니다. 그냥 기독교면 기독교지 '진정한'이라는 말이 왜 붙습니까? 그런 점에서 이 질문은 기독교란 이름은 내걸고 있지만 진정하지 않은 기독교가 범람하는 슬픈 현실을 반영하고 있습니다. 한편, "이것이 진정한 기독교다!"라고 말하며 다른 기독교 신앙인의 신앙을 폄훼하고 자신을 높이는 질문일 수도 있습니다. 그런 점에서는 교만한 질문일 수 있겠지요.

그런데 송미현 작가는 1부를 이루는 여섯 개의 이야기에서 이 질문을 끊임없이 던지고 있습니다. 그렇다면 작가는 슬픈 것일까요? 아니면 교만한 것일까요? 혹은 둘 다일 수 있습니다. 오래전에 이미 C. S. 루이스는 타인의 죄를 보며 슬퍼하는 일이 "우리 자신의 죄를 회개하는 괴로운 일에서 벗어나 다른 사람의 행위를 슬퍼하는—그러나 우선 비난하는—쾌적한 일에 참여할 수 있는" 치명적인 매력

이 있음을 통렬하게 지적한 적이 있지요(『피고석의 하나님』, 252쪽). 이런 의미에서는 슬픔도 교만입니다. 그렇다면 다시 생각해봅시다. 작가는 슬픈 것일까요? 교만한 것일까요? 혹은 슬퍼하며 교만한 것일까요?

이 책을 읽어보면 아시겠지만 작가는 기뻐하고 있습니다! 물론 여러 곳에서 잘못된, 즉 '진정하지 않은' 모습의 기독교를 비판하는 것이 사실입니다. '복'에서는 기복주의 신앙과 믿기만 하면 원하는 모든 것을 이룰 수 있다는 잘못된 신앙주의를 비판하고, '정의'에서는 이웃에게 베푸는, 그것도 전심으로 베푸는 방식의 정의가 없는 기독교를 비판하며, '배우자'에서는 기도라는 이름으로 자기 욕망을 투영시키는 방식의 세속적 배우자관을 비판합니다. '스킨십'에서는 상대에 대한 배려와 이해 없이 자신의 옳음을 강요하는 잘못된 방식의 기독교를 비판하고요. 그럼에도 작가는 기뻐하고 있습니다. 그런 기쁨은 간간이 웃음이 터지는 깨알 같은 유머에서만 드러나는 게 아닙니다. 전체에 드러납니다.

작가는 무엇을 기뻐하고 있을까요? '복'에서 작가의 마음은 기복주의를 비판하는 데서 그치지 않습니다. 더 큰 복, 복 자체이신 그리스도가 약속되어 있다는 사실을 보고 있지요. 게다가 기복주의에 흔들렸던 자신의 과거를 반성적, 고백적으로 그려냅니다. '정의'에서는 가난한 자를 돌봐야 하는 기독교 신자의 윤리가 그리스도께서 우리를 위해 행하신 일에 근거한다는 것을 드러내지요. '배우자'에서는 그리스도와 우리가 맺은 영원한 언약에 기반한 결혼의 아름다움을 기뻐하고 있습니다. 그래서 1부에는 기쁨이 흘러넘치고 있습니다. 배려, 평등, 사랑, 정의를 행하는 것, 이 모든 것은 그리스도께서 죄인인 우리를 위해 하신 일들이니까요. 그분이 행하셨기 때문에, 우리는 그분의 사랑을 받기 위해 선을 행하는 것이 아니라 이미 그분의 사랑 안에 있기 때문에 기쁨으로 선을 행할 수 있습니다.

'진정한' 기독교를 논하는 이 지점에서 우리는 교만이 사라지고, 오히려 기쁨이 넘쳐흐르는 제3의 길을 발견할 수 있습니다. 작가의 모든 이야기는 자기고백적입니다. 그는 자신이 죄인임을 여러 차례 고백합니다. 기복적으로 복을 추구했던 사람도, 가난한 자들을 외면했던 사람도, 배려와 이해 없이 자기 고집을 부렸던 사람도, 성숙하지 않고 분노하며 질투하는 사람도 모두 자기 자신입니다. 여기서 교만이 죽습니다. 그리고 그러한 자신에게 은혜를 베풀고 구원해주신 주님이 등장합니다. 여기서는 슬픔이 죽습니다. 비록 진정하지 않은 모습의 기독교가 우리 안에, 그리고 한국 교회 안에 있지만, 이러한 모습의 죄인들을 구원하실 분은 우리를 정죄하거나 버리지 않고 긍휼히 여겨 죽으시고 부활하신 왕이시니까요. 자신이 죄인임을 인정하는 데서 교만이 죽고, 그리스도의 구원이 있다는 소식에서 슬픔이 죽는다면 남는 감정은 무엇일까요? 기쁨과 감사와 찬양입니다.

복음은 우리가 상상 이상으로 악한 존재인 동시에 상상 이상으로 사랑받았음을 가르쳐줍니다(이 문장은 리디머 장로교회의 목회자였던 팀 켈러의 말을 다시 표현한 것입니다. 팀 켈러는 설교 때 이런 말을 자주 합니다). 이 복음의 안경을 쓸 때, 기독교는 억압하고 괴롭히며 위선적인 종교에서 순식

간에 매력적이고 아름다우며 탁월한 기쁨의 신앙으로 탈바꿈하지요. 1부에는 그러한 기쁨을 누린 작가의 감정과 생각이 고스란히 녹아 있습니다. 이것이 바로 기독교 세계관의 안경입니다. 우리는 바르게 살아야 합니다. 그러나 바르게 살 수 없습니다. 하지만 바르게 살 수 있도록 자신을 내어주신 왕이 있습니다. 그 왕이 우리와 모두의 구주가 되십니다. 함께 그 기쁨의 표현 속으로 들어가봅시다.

이정규

신학 블로그 <진짜배기> 공동운영자. 시광교회 담임목사. 폭넓고 깊이 있는 독서와 균형 있는 관점의 글로 주목받고 있으며 설교와 성경공부, 양육, 서평, 북토크 등 다양한 채널을 통해 기독교 신앙의 바른 개념과 참된 기쁨을 나누고 있다. 저서로 『회개를 사랑할 수 있을까』, 『야근하는 당신에게』, 『새가족반』 등이 있다.

#복

번영신학(기복신앙),
기독교인이 쉽게 빠질 수 있는 웅덩이.

저 또한 그 굴레에서 벗어난 지
그리 오래되지 않았습니다.

저는 방에서 성경을 읽다가 하나님을 알게 되었습니다.
갓 스무 살을 넘긴 때였죠.

하필 그 길목에 서기 전에 읽은 것이
번영신학을 이끈
대표적인 책이었습니다.

책을 읽고 나서 그에게 깊은 호감이 생겼고,
티비에 나오면 꼭 보기도 했습니다.

아직도 기억이 선명한데,
어떤 청년부 오빠가 그를 이단이라고 단언하길래

그 사람은 목사도 아냐!

울며불며 속상해했던 경험도 있습니다.

마치 제 신앙이 비웃음 당하는 느낌이었죠.

그로 인해 생긴 그릇된 신앙관은
단계별로 읽어간 책들 덕분에
서서히 바로잡히게 되었답니다.

조나단 에드워즈

김남준

존 스토트

C. S. 루이스

번영신학에 큰 문제점이 있다는 것을
지금은 많은 이들이 알고 있습니다.

그럼에도 불구하고 우리는
아직도 그 굴레에서 벗어나지 못하고 있죠.

받은 전도지

마치 하나님이 안 좋은 일에
우리를 밀어넣으신 것처럼 말이죠.

왜 이런 형태의 믿음이 문제가 되는 걸까요?

우리는 우리가 믿는 실재에 대해
아주 깊이 생각해볼 필요가 있습니다.

그렇지 않으면 어느새 내가 바라보는 대상이
하나님이 아닌 존재가 될 위험이 아주 크거든요.[1]

한때 제게 안 좋은 신앙관을 심어준 그의 이야기를 들어보겠습니다.

So What?

주차와 예수 그리스도가 무슨 상관이 있나요?

몇 년 후 크게 히트 친 일반부문 베스트셀러에서 유사점을 찾을 수 있습니다. 비기독교에서는 "끌어당김의 법칙", 번영신학에서는 믿으면 다 된다는 뜻의 "믿음의 말씀"이라는 용어를 쓰는 게 다를 뿐이죠.[2]

번영신학은 하나님께서 많은 것을 주신다고 말하면서 자비롭고 사랑 많으신 하나님 상을 그려내긴 하지만,

사람들로 하여금 하나님 자신보다는 하나님의 선물을 더 사랑하게 만들어 오히려 하나님의 사랑을 받지 못하게 합니다.

그렇다고 우리의 필요를 구하는 기도를 해선 안 된다는 말이 아닙니다.
오히려 그러한 간구를 하라고 말씀하신 분은 예수님이었죠.

단지 '내 만족을 위해' 하나님을 압박하는 수단이 아니라,
내가 하나님의 목적에 맞게 사는 자가 되는 데
초점을 맞추며 간구해야 합니다.

"선물 포장지를 사랑하지 마십시오.
영생의 선물이신 예수 그리스도를 사랑하십시오."

– 짐 베커

미주

1) "기독교의 비극은, 그리스도인들이 엉뚱한 곳에서 하나님을 찾는다는 데 있다." 『바벨탑에 갇힌 복음』, 행크 해네그래프, 새물결플러스, 160쪽.
2) 같은 책, 22쪽.

#정의

정의란 무엇일까요?

공정, 평등, 기회, 선 등 국가와 시대별로
정의에 관한 논쟁은 끊이지 않지만
그 쟁점은 비슷합니다.

성경에서는 정의를 어떻게 말하고 있을까요?
우선, '분배하는 삶'이라는 실천적 의미에서
시작한다고 볼 수 있습니다.

명사가 아니라 동사로 이해해야 합니다.
정적인 의미가 아니라 동적인 의미라는 것입니다.

두 상황을 예로 들어보겠습니다.

상황 1. 교회 사무실에 노숙인이 온다.

신입 전도사가 돈을 쥐여드립니다.

그러고 나면 고참 목사가 한마디하죠.

상황 2. 교회에서 구제 헌금을 모아 두 아이를 홀로 키우는 싱글맘 성도에게 준다.

그런데 갚으라는 빚은 갚지 않고 아이들에게
자전거를 사주고, 함께 레스토랑에 갔다고 합니다.

이를 목격한 성도가 화가 나서
목사에게 가서 말하죠.

저런 사람은 도와봤자 소용없어요!
헌금 귀한 줄 모르고! 그만 도와요!

이런 상황에서 어떻게 해야 교회가 성경이 말하는 정의를 따르고
'교회'다운 교회가 될 수 있을까요?

19세기 초반에 활동했던 스코틀랜드 출신
어느 목회자의 설교 한 부분입니다.

"그리스도를 닮고 싶다면,
마음에 들지 않고 가난하고
감사할 줄 모르고 자격 없는 사람들에게
많이 주십시오. 자주 주십시오.
거저 주십시오."

왜일까요?
우리가 하나님 앞에서 그러한 자들이었기 때문입니다.

조나단 에드워즈는 이렇게 말합니다.

자기 문제라면 '벼랑 끝에' 이르기 훨씬 전부터
어떻게든 손쓰려고 하면서,
왜 이웃에겐 굶어죽을 지경이 되어야
도움을 주려고 합니까?

무책임한 부모가 있는 가정에 대해선
정확하게 꼬집어 강조하죠.

자녀들을 생각해서라도
꾸준히 뒷받침해야 합니다.

성경은 정의에 대해 자주 말하지만,
정의에 대한 어떤 정의definition나 이론을 제공하지 않습니다.
단지 정의에 대한 사랑으로 그렇게 행하라고 명령하죠.

무엇보다 받은 사랑을 행함으로, 정의를 행함으로
우리에게 주어진 구원을 기념하고 기억하라는 것입니다.

정의를 행하는 동안에 이스라엘 백성은 자신이
이미 구원받은 사람이라는 사실을 확신할 수 있었습니다.

그 대상은 언제나 과부, 고아, 객이라는 특정 계층이었습니다.
그것은 하나님의 명령이었습니다.

받은 구원을 기억하고 기념하기 위한 정의를
왜 꼭 그들에게 행해야 했을까요?

WHY?

신학자 월터스토프는
그 계층의 복지가 아주 열악했기 때문이라고 답합니다.
(그들은 도움이 없으면 삶을 이어갈 수 없었거든요.)

성경에서 말하는 베푸는 행위는 임의로 선택하는 자선이 아니라
반드시 행해야 하는 정의의 문제로 이어집니다.

Must!

그렇게 받은 구원을 기념함으로써 백성들은
자신이 경험한 하나님의 '정의'를 행하게 되고,

정의를 행하는 백성들은 하나님을 닮아갑니다.

정의는 우리 안에 '샬롬'(평화)을 실현시킵니다.
평화의 공동체를 이루는 데 정의는 필수입니다.

하나님의 구원에 담긴 사랑이 우리로 하여금
정의에 충실한 사랑, 사랑이 충만한 정의를 실천하도록 강권합니다.

참고도서

1. 『팀 켈러의 정의란 무엇인가』, 팀 켈러, 두란노
2. 『월터스토프 하나님의 정의』, 니콜라스 월터스토프, 복있는사람
3. 『사랑과 정의』, 니콜라스 월터스토프, IVP

#배우자

그리스도인, 그리고 청년.

이 정체성을 지닌 이들의 최고 관심사 중 하나는

배우자일 것입니다.

그 시절을 지나 한 남자의 배우자가 된 저 또한
배우자를 위한 기도의 굴곡을 지나왔습니다.

청년 시절 하나님을 알았던 저는 교회에서 배운 것처럼
배우자 기도 목록을 하나둘 적어나갔습니다.

사람에게 상처받는 일이 거듭되면서
그 목록은 하나 둘 지워져갔고

신학대학원에 들어간 후
부딪혔던 만남들로,
이성에 대한 거부감까지
생기게 되었죠.

그러다가 만나게 된 남자친구에게
이런 질문을 했습니다.

넌 배우자 기도
어떻게 했어?

특별한 건 없어.
내가 그 사람에게
맞는 사람이 되길 기도했지.

오...

그리고 그 남자친구는
제 남편이 되었습니다.

배우자 기도에 대한 답은 없습니다.

많지 않은 경험을 통해 제가 얻은 답은,

나를 가장 잘 아시는 주님께서
나와 가장 잘 맞는 사람을 아실 테니,
그 사람을 만나게 해달라고 간구하는 것입니다.

기도 끝에 만났다면 서로가 완벽하게 맞을까요?
우리 부부의 경우는 상당 부분이 정반대입니다.

겨울에도 아이스를 마시는 남편과,
여름에도 핫으로 마시는 제 입맛처럼 말이에요.

하지만 다름을 조화로 느끼도록
애써주는 남편 덕분에,

우리가 맺은 부부의 언약은 점점 더 견고해지고 있답니다.

솔직히 말하자면…
안 그래도 생각할 게 많은 세상에서
서로 이야기 맞추기부터 힘겨울 때도 있지만

"만약 두 사람이 모든 일마다 동의한다면,
둘 중 한 명은 있으나마나 한 존재다."
- 루스 벨 그레이엄

그레이엄의 말을 떠올리며 서로를 다독여봅니다.

"그러나 나는 있으나마나 한 존재가
한번 되어 보고 싶은 마음이 들 때도 가끔 있다."
- 존 파이퍼

이렇게 이야기한 파이퍼의 말에
더 공감이 가긴 하지만요.

그러고 보면,
이런 일도
있었죠.

그녀는 내 전부라고.

• 영화 <히든 피겨스> 중

쉽지 않지만

노력하는 걸로.

#스킨십

많은 청년들이 교제 중 스킨십에 대해 고민합니다.

쉽게 얘기를 꺼내기도 민망하고
그렇다고 상담을 하기에도 쑥스러운 부분이죠.

스킨십에 예민하게 굴면
바보가 되어버리는 요즘 시대에,
우리는 어떻게 해야 할까요?

사례 1. 소개팅으로 사귄 지 한 달도 안 되어 무박으로 여행을 가려 한다.

아는 여성 1

저는 지키고 싶거든요. 그래서 교회 다니는 사람 아니면 만나지도 않는데... 정확하게 거부의사를 밝히고 안 간다고 했는데도...

헤어지자고 할 거다.
이 ㅅㄲ야.

사례 2. 소개팅으로 만나자마자 사귀게 되었는데 의사를 물어보지도 않고 스킨십을 시작한다.

아는 여성 2
저는 스킨십에 거부감이 있거든요.
제 상황을 말하고 자연스레 시작하자 했는데...

성욕이 있는 건 인정합니다.

사랑하는 상대를 더 가까이 느끼고 싶은 건
당연한 순서겠죠.

하지만 상대방의 의사를 고려하지 않고
욕정을 다스리지 못(안) 하는 건

왜일까요?

누군가 제게 남편에 대해 언제 '이 사람이다!' 하고
느꼈는지 물어보면 하는 얘기가 있습니다.

사귀자마자 말했습니다.

그래서 그런지
손 잡는 것도
팔짱 끼는 것도
아주 천천히 진행되었죠.

그리고 귀갓길에 인사하고
돌아서는 순간

남자친구(남편)가 절
다시 불렀어요.

이때 울컥하면서
'아, 이 사람이면 믿을 만하겠다'
하는 생각이 들었습니다.

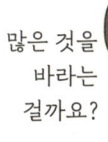 

보통, 여자에게
스킨십은
마음이 다 진행된 후에
따라오곤 합니다.

그리고 많은 경우 절대적인 '신뢰'가 뒷받침되어 있어야 합니다.

본능에 충실한 질주에 발맞춰달라고 요구하는 건
폭력과 다름없이 다가온답니다.

많은 것을 바라는 게 아니에요.

그저 상대의 말을 들어주고,

함께 가주세요.

#성평등

최근, 평등을 외치는 소리가 높아지면서
사회 곳곳에서 갈등이 일어나고 있습니다.
그리스도인으로서 이 상황을 어떻게 봐야 할까요?

성평등 정책.
교회에서 가장 처음 시작했다는 사실, 알고 계시나요?

말씀만 주의 깊게 봐도 알 수 있지만
(임신에 대해 여성에게만 책임을 물었던 당시 문화와 달리,
남녀에게 함께 책임이 있음을 명시했습니다.)[1]

로마시대의 초대교회에서도
이런 파격적인 행보를 볼 수 있습니다.

사회학자(종교학자가 아닌!) 로드니 스타크의 분석에 따르면,
남성이 여성보다 압도적으로 많은 그레코-로만 사회에서
기독교는 영아살해 금지와 여성인권 보장으로
남녀비율이 동일했다고 합니다.

버리고
올 거야!

그런 사회현상으로
비기독교인 남성은 자연스레 기독교인 여성과 만나게 되었고,

(그래서 바울이 남편의 회심을 위해 기도하라는 얘기를 하죠.)

기독교 가정에선 여아가 유기되거나 살해 당하는 일이 없었기에
(그 시대에 기형아나 여아를 유기하는 것은 합법이었어요.)
기독교 전체 인구가 증가했습니다.

로드니 스타크는 기독교가 발흥한 요인 중 하나로
이러한 근거를 제시합니다.

초대교회는 적극적으로 여성을 인정했는데,
왜 지금 우리는 교회라는 공간에서조차 차별을 쉽게 느끼는 걸까요?

이것은 어르신들이 흔히 하는 말씀,
"성경적으로 남자가 중요하지"에서 그 근본 원인을 찾을 수 있습니다.

* 실제 경험 사례

바로 '하와'에 대한 성경 해석 때문이죠.

전통적으로 '하와'는 어리석고,
인류를 타락으로 몰아간 나쁜 여자였습니다.

존경받는 교부들을 비롯해 많은 신앙의 대선배들이 여성을
'조심해야 할 존재'로 여겼습니다.

노예에 대한 관점을 개혁한
윌리엄 윌버포스

지동설을 주장했다가
이단 취급받은 코페르니쿠스

우리는 성경 해석에 어쩔 수 없이 넘어서지 못하는
시대적 한계가 있음을 인정해야 합니다.

최근 신학자들에 따르면
아담은 하와가 유혹받을 당시 바로 옆에 있었고,

뱀의 잘못된 말을 들으며 바로 시정하기는커녕
하와가 선악과를 먹고 어떻게 되는지 지켜보기만 했습니다.

즉, 원죄는 여자에게서 시작된 것이 아니라
남자와 여자가 '함께' 잘못했다는 거죠.[2]

예수님과 초대교회는 여성을
약자의 입장에서 끌어내주었는데,

역사의 흐름은 여성을 다시 약자의 자리로 몰아갔습니다.

더욱이 유교 바탕 위에 세워진 한국 기독교 교리는
유교적이고 보수적인 여성관을 가졌기에
여성은 교회와 가정에서 점점 더 수동적인 존재로
자리매김하게 됩니다.

"굴종의 여성상을 지나 전투적 여성상을 지나면
제3의 여성상(자기주도적으로 시작할 수 있는 백지 상태)을 시작하게 된다."

- 질 리포베츠키

우리나라는 현재 2단계를 지나고 있다고 볼 수 있죠.
'갈등'의 시기가 필요하다는 말입니다.
현실적으로 많이 아팠으니까요.

솔직히 갈등의 양상이 적잖게 심해 보이긴 합니다.

그럼에도 혐오의 시선은 배제해야 합니다.
도널드 블로쉬는 페미니즘의 움직임에 대해 이렇게 평했습니다.

"페미니스트 신학은
죄의 관념이 좀 더 확장되도록 해주었다."

"또 무엇보다 그리스도께서 구세주만이 아니라
우리의 모델이심을 상기시켜주었다.
문화적 소수인뿐 아니라 여성을 대하는 우리 주님의 방식은
우리 시대를 위한 건실한 모델이 될 수 있다."

하나의 흐름으로 형성된 움직임은
한 시대를 살아간 사람들의 양상이 반영된 것입니다.
그렇기에 무턱대고 비난하면 안 됩니다.

그 이면에 어떤 아픔과 이유가 있는지 들여다봐야 합니다.
과격한 말이 오갈 때, 상대방의 심정을 헤아릴 필요가 있습니다.

그런 면에서 우리는 여성들이 교회와 사회에서 겪는 문제에 사랑 어린 시선을 보내야 할 것입니다.

성경은 인종과 빈부, 사회적 지위에 따른 차별이 없는, 특히 모두 하나님의 형상인 남녀 간에 차등이 없는 하나님나라를 말하고 있습니다(갈 3:28).

또한 상황과 정도의 차이가 있을 뿐 남성에게도
사회적 편견과 차별이 존재함을 인정해야 합니다.

결혼한 지 4년이 된 저는 직장을 다니고,
남편이 육아를 담당하고 있습니다.
그러면서 알게 된 사실이죠.

엄마가 병원에 갔으면
듣지 않았을 말이라든지,

일 안 하시나요.

엄마가 버스에 탔으면 듣지 않았을 말을 들으며,
어느 면에선 더 어려운 육아 일상을 보내고 있죠.

부모가 함께 육아하는 것을 장려하는 분위기라지만,

아직 한국 사회는 아빠가 육아하기에 더 힘든 곳입니다.

이런 시선 때문에 밖에 잘 나오지 못하는
육아 대디도 많다고 합니다.

서로의 힘듦을 이해하고,
각자의 입장에서 함께 생각해줄 수 있는 것.
그것이 진정한 평등의 시작이 아닐까요?

참고도서

1. 『기독교의 발흥』, 로드니 스타크, 좋은씨앗
2. 『신학이란 무엇인가』, 알리스터 맥그래스, 복있는사람
3. 『1세기 교회 예배 이야기』, 로버트 뱅크스, IVP
4. 『페미니즘과 기독교의 맥락들』, 백소영, 뉴스앤조이
5. 『페미니즘 시대의 그리스도인』, 송인규 외, IVP
6. 『빨래하는 페미니즘』, 스테퍼니 스탈, 민음사
7. 『제3의 여성』, 질 리포베츠키, 아고라

미주

1) "… 너희 중의 남녀와 너희의 짐승의 암수에 생육하지 못함이 없을 것이며"(신 7:14).
2) 레이 오틀런드, 『결혼과 복음의 신비』(부흥과개혁사, 2017), 47-48쪽.

#성숙

21개월, 세 살에 접어든 아들.
말귀를 알아듣고, 말을 조금씩 시작하는 시기.

더없이 사랑스럽지만,
진심으로 짜증이 올라오는 시기이기도 합니다.

하면 안 되는 걸 뻔히 알면서도
무시하는 아들의 모습을 보면 정말 화가 납니다.

후두염에 걸려 찬바람을 조심해야 했던 어느 날.
냉장고 문을 열지 말라고 몇 번이나 말했지만 끝내 말을 듣지 않은 그날.

찬,
열지 말라고
했어요.
엄마가 혼낸다!

시룬데,
열 건데.

이노옴~!!!!!

쿵 쿵 쿵

순간 화를 참지 못해 달려가다가
겁에 질려 공중에 손을 허우적거리는 아들을 보자 정신이 번뜩 났습니다.

아이를 키우면 성화가 된다고들 합니다.

자신이 얼마나 죄인인지 절실하게 느낄 수 있다고….

자기 뜻대로만 하려 하고, 하면 안 되는 걸 하고 싶어하는 아이.
그 모습을 보면서 참고 교육하는 것이 얼마나 힘겨운 일인지
겪다보니 제 밑바닥과 마주할 수 있었죠.

청년 시절에 저는
꽤 열심 있는 청년이었습니다.

주보팀장도 해보고,
리더도 해보고,
회장도 해봤죠.

말씀도 열심히 읽고, 두꺼운 신학책도 보고,
어두운 예배당에서 통성으로 기도도 자주 했습니다.

그 시절 좋아하는
목사님의 설교 중에
뇌리에 박혀
아직까지 맴도는
말씀이 있습니다.

"청년 여러분, 지금
본인의 신앙이 꽤 좋은
것처럼 느껴지시죠?
나중에 결혼하고 애 몇
낳아보세요. 그때의
신앙이 진짜입니다."

충격이었습니다.
아무것도 모르는 시절이었는데도,
그 시기가 꽤나 힘들 것을
어렴풋이 느꼈던 걸까요?

심지어 인터넷 설교 …

좋은 엄마가 되기는커녕
엄마 될 자격도 없는 것 같아
미안한 마음에,

눈물의 이유가 아이 때문이 아니라,
나 때문이라는 사실에 자괴감이 들어
무한반복되는 자책의 늪에 빠지기도 하죠.

하지만 나의 죄성과
마주하는 순간에도
또 다른 성장을 하고 있다는
사실을 알아야 합니다.

"믿음은 자동안전장치가 아니라 행동이다."

예수님을 믿는다고 해서 완전한 성화를 이룬 것이 아니기에,
내 연약함 때문에 좌절하는 건 이상한 일이 아닙니다.
오히려 자연스러운 일입니다.

오, 이번엔 건널 수 있겠어.

그리스도인은 삶의 과정을 통해 만들어져 가니까요.

청년 시절 하나님을 처음 알고 열심을 내는 것은
어린아이가 세상의 모든 것이 신기하고 재밌어
에너지 넘치게 달려가는 것과 같고,

30대 중반에 접어든 지금의 나는
종종 만나는 삶의 굴곡에서 다양한 감정을 경험하고,
그 순간 속에서 하나님의 섬세한 손길을 향유하며
산책하듯 걸어가고 있는 것과 같습니다.

신앙의 모습이 어떠해야 한다는 관념적인 틀에 매이지 않고,
하나님 앞에 서는 성도가 되길, 그런 엄마가 되길 소망합니다.

참고도서

1. 『신자 안에 내재하는 죄』, 존 오웬, 부흥과개혁사
2. 『영적 침체』, 마틴 로이드 존스, 복있는사람

2부
하나를 알아도 제대로, 정확히

#기도

#예배

#말씀

#교회

#회개

#희년

#성탄

2부를 열며 / 이재국

기독교의 기본 개념을 바로 알자

> 그분이 사랑받기 원하신다면 당신에게 무엇이 돌아오기 때문이 아니고 사랑하는 그 사람들에게 영원한 상이 돌아가기 위함이요 그 상이란 그들이 사랑하는 그분 자신이다.
>
> - 아우구스티누스, 『그리스도교 교양』, I.29.30.(분도출판사)

2014년 어느 날, 아우구스티누스의 이 책을 읽으며 신학생 몇몇이 모여 토론하던 독서 모임이 기억납니다. 하나님을 사랑하라는 명령이 어떤 의미인지 설명하는 부분을 읽으며 우리는 신선한 충격을 받았습니다. 하나님께서는 사람들에게 유익을 주기 위해 당신을 사랑하라고 명령하셨고, 그 유익으로 가장 아름답고 가치 있는 하나님을 마음껏 누리도록(enjoy) 선물로 주신다는 내용이었습니다. 아우구스티누스의 글을 통해 우리는 하나님을 사랑한다는 것이 무엇인지 '더 깊이 생각하고' 하나님을 정말로 사랑하길 '소망하게' 되었습니다. 사실 하나님을 사랑해야 한다는 '개념'은 그리스도인에게 익숙하지요. 그러나 그 안에 담긴 의미를 더 깊이 알수록 이 명령을 좀 더 기쁘게 추구할 수 있게 된다는 것을 배웠습니다. 익숙하게 받아들이고 있는 기독교 신앙의 중요한 개념들 중에도 사실은 우리가 잘 모르는 것이 제법 있습니다. 독서모임을 통해 우리는 그 사실을 알게 되었지요.

당시 함께 책을 읽으며 즐겁게 토론했던 신학생 중 한 명이 이제 이 책을 통해 그때 누렸던 기쁨을 나누고 있습니다. 2부 '하나를 알더라도 제대로, 정확히'에서는 기도, 예배, 말씀, 교회, 회개, 희년, 성탄과 같이 기독교 신자인 우리에게 익숙하지만 막연히 알거나 잘못 알고 있기 쉬운 개념들을 소개합니다. 이 개념들은 성경의 중요한 명령인 '하나님을 사랑하고 이웃을 사랑하는 길'로 우리를 인도하기 때문에 하나를 알더라도 제대로, 정확히 알 필요가 있습니다.

작가는 말합니다. 기도에서 하나님과의 '관계'를 놓쳐선 안 되며, 우리가 하나님을 바라보고 인식할 때 하나님께서 가장 기뻐하신다고 말이지요. 이렇게 관계를 강조하면서 작가는 예배란 예배의 주체이신 하나님을 뵈러 나아가는 것이고, 교회는 이러한 예배를 함께 드리는 공동체이며, 예배당은 이를 위한 수단일 뿐임을 강조합니다. 또한 회개란 내 죄를 대신 지신 예수 그리스도를 바라보고 하나님을 사랑하는 길로 돌이킬 뿐 아니라 우리 이웃, 성도들을 사랑하는 길로 돌이키는 것이기도 하다고 말합니다. 이 모두가 사실 하나님의 말씀을 올바로 알아갈 때 깨닫게 되는 것들입니다. 그래서 작가는 어려워 보이는 성경의 난제들에 어떻게 접근해야 하는지도 이야기합니다. '말씀'을 다루는 장뿐 아니라 다른 주제를 다룰 때에도 성경이 쓰인 시대의 언어와 문화를 살펴봄으로써 우리가 가지고 있는 잘못된 개념을 어떻게 바로잡을 수 있는지 보여줍니다.

작가는 단지 익숙한 개념들뿐 아니라 희년이나 성탄처럼 이 시대에 우리가 다시 생각해보고 고민해야 할 주제에 대해서도 이야기합니다. 이러한 내용은 정의가 중요한 문제로 다루어지는 시대, 기독교의 요소들이 그저 하나의 문화로 여겨지는 현실 속에서 우리가 실제로 의미 있게 적용해야 할 부분이 무엇인지 통찰력을 더해 줄 것입니다.

작가는 우리에게 알아야 할 개념들을 때로는 가르치고 때로는 권면하지만 다 설명하려 하지는 않습니다. 모든 것을 논증하려 하지도 않지요. 다만 신학도이면서 지금은 직장인으로, 한 아이의 엄마로, 사역자의 아내로 살면서 생각하고 배우고 일상의 부딪침 속에서 체화한 내용을 소개하고 방향을 제시하며 함께 고민해보자고 손을 내밉니다. 그러기에 그가 다루는 고민은 추상적이지 않습니다. 기독교 신앙을 가지고 오늘을 살아가는 성도들, 특히 청년 성도들에게 매우 현실적으로 다가옵니다. 저 역시 재밌게 책장을 넘기다가 어느새 생각에 잠긴 제 모습을 발견했습니다.

기독교의 기본 개념들을 성경적으로 알고 바로잡는 과정을 통해 우리는 진리가 어떻게 현실에 와 닿는지, 어떻게 적용될 수 있는지 한번 더 생각해보게 됩니다. 이는 일생 동안 추구해야 하는 신앙의 여정이고, 그 과정에서 우리의 신앙은 자라갈 것입니다. 작가는 지금 그 길을 걷고 있으며 여러분도 함께 걷자고 초대합니다. 그럼, 이제 그 이야기를 직접 보면서 함께 걸어 보실까요?

이재국

신학 블로그 <진짜배기> 공동운영자. '신앙탐구노트 누리' 시리즈 저자. 총신대학교 신학대학원을 졸업하고, 현재 영국 에든버러 대학에서 박사 과정으로 교회사를 공부하고 있다. 에든버러 한인교회에서 목회자로 섬기고 있으며, 틈틈이 <교회사 한 조각>이라는 유튜브 채널도 운영하는 중이다.

#기도

기도, 마치 할당량이 찼을 때 이루어지는 것처럼
매달리기만 하고 있진 않나요?

우리는 말씀을 기준으로 신앙생활을 하지만,

그 해석이 잘못되어 그릇된 방향으로 가기 일쑤입니다.

기도 또한 "지성이면 감천"이라는 속담처럼 여기고 있는지 모릅니다.

기도에 대해 오해하기 쉬운 장면을
구약과 신약에서 하나씩 꼽을 수 있는데요.

먼저, 솔로몬의 경우가 있습니다.

일천번제 헌금봉투, 본 적 있으신가요?
천 번의 헌금과 기도가 숙제처럼 다가오는 어마무시한 봉투.

뭐야 이거...

만약 숙제처럼 느껴진다면 우리는 이 제사를 아주 창의적으로,
솔로몬은 한 적도 없는 방식으로 받아들이고 있는 겁니다.

그는 그저 천 마리의 제물을 바쳤을 뿐입니다. 단 한 번에.[1]
(게다가 천 마리를 바쳐서 복을 받은 것도 아니었고요.)

다음으로, 신약에 강청하는 기도가 나옵니다.

> 내 벗이 여행중에 내게 왔으나 내가 먹일 것이 없노라 하면
> 그가 안에서 대답하여 이르되 나를 괴롭게 하지 말라
> 문이 이미 닫혔고 아이들이 나와 함께 침실에 누웠으니
> 일어나 네게 줄 수가 없노라 하겠느냐
> 내가 너희에게 말하노니 비록 벗 됨으로 인하여서는
> 일어나서 주지 아니할지라도 그 간청(개역한글에선 '강청')함을
> 인하여 일어나 그 요구대로 주리라.
> - 누가복음 11장 6-8절

우리는 이 장면을 마치
"벗 됨으로 인하여서는 아니지만 그가 하도 매달리니
들어줘야지 않겠니? 그러니 너도 이 자처럼 내게 매달리렴"
하는 식으로 이해할 위험이 있습니다.

이것은 바로 '강청'이라는 단어 때문에 빚어진 오해인데요.

이 단어는 '아나이데이아',
뻔뻔하고 당당하다는 뜻으로 유대 관습에서
나그네 대접의 의무를 떠올리게 하는 단어입니다.

* 창세기 18장에 나오는 아브라함의 나그네 대접

너희는 나그네를 사랑하라
전에 너희도 애굽 땅에서 나그네 되었음이니라.

— 신명기 10장 19절

그들에겐 벗이 찾아옴보다
나그네의 방문이 더욱 귀한 것이며,

아무리 한밤중이더라도
마땅히 대접해야 할 의무가 있었다고 합니다.[2)]

이것은 기도 자세의 중요성이 아니라
기도하는 대상자와의 관계성에 대해 말하고 있습니다.

이는 바로 이어지는 말씀에서 아버지와 아들의
관계를 중점적으로 다루고 있는 것을 보면 더욱 선명해지죠.

너희가 악할지라도 좋은 것을 자식에게
줄 줄 알거든 하물며 너희 하늘 아버지께서
구하는 자에게 성령을 주시지 않겠느냐 하시니라.

- 누가복음 11장 13절

하나님께서는 당신에게 나아오는 자가

하나님 그분을 정확히 인식할 때 가장 기뻐하십니다.

우리가 하나님을 올바르게 바라볼 때
그분이 느끼시는 기쁨을
티끌만큼이지만 경험한 적이 있습니다.

아들이 저를 엄마로 인식하고 바라보며
옹알이를 시작했을 때, 여태까지 경험해본 적 없는
떨림이 심장을 강하게 치는 기분이었죠.

하나님께서 저를 얼마나 기뻐하시는지
아주 미약하지만 알 수 있었습니다.

> 그가 너로 말미암아
> 기쁨을 이기지 못하시며
> 너를 잠잠히 사랑하시며
> 너로 말미암아 즐거이
> 부르며 기뻐하시리라.
>
> - 스바냐 3장 17절

미주

1) John Peter Lange, Philip Schaff, Karl Chr. W. F. Bähr, et al., *A Commentary on the Holy Scriptures: 1 Kings* (Bellingham, WA: Logos Bible Software, 2008), 41.

2) "손님 대접은 매우 중요한 의무였다. 주인은 밤을 지내기 위해 자기 집을 방문한 여행자에게 음식을 대접해야만 한다.…떡을 한번 만들어 놓으면 며칠을 갈 수 있었지만, 손님을 대접할 때는 신선하고 떼지 않은 덩어리 떡으로 해야 했다"(『IVP 성경배경주석』, IVP, 2008, 1457쪽).

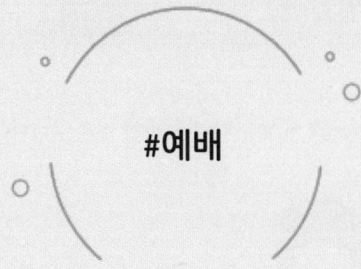

예배란 무엇일까요? 이것은 신학대학원에 들어가면서부터
제 스스로에게 던지기 시작한 질문입니다.

수많은 수업을 들었지만 지식은 내 것으로 흡수되지 못했고,
예배와 설교에서도 이론적인 답만 들었습니다.

더군다나 돌쟁이 아기를 돌보면서 드리는 예배는
거의 관망하는 수준이었죠.

예배의 의미를 찾기는커녕 주일 하루가
어떻게 지나는지도 모르게 훌쩍 지나가버립니다.

비단 이런 외부 문제만 예배에 방해가 되는 건 아닙니다.

신체적으로 약해 집중하지 못함과 마냥 위로받고 싶은 마음 등
각자의 사정으로 우리는 예배를 온전히 드리지 못할 때가 많습니다.

어디서부터 바로잡아야 할까요?

우선, 예배는 내가 '위로받기' 위함도 아니고 '깨닫기' 위함도 아니라는 점에서 시작해야 합니다.

예배의 주체는 하나님이십니다.

내 의지대로 예배를 드리러 나오는 게 아니라
'하나님'께서 불러주셨기에 내가 나올 수 있음을 명심해야 합니다.

인간은 죄인이어서 기본적으로 하나님을 찾고자 하는
마음조차 없기에 시작부터 은혜가 절실히 필요합니다.

우리에게 예배란 무엇일까요?
모든 창조물에겐 '본성'이 있습니다.
누가 가르치지 않아도 몸이 반응하는 어떤 것.

새는 날고 물고기는 헤엄치듯,
창조된 인간의 본성은 예배하는 것이었습니다.

하나님께서 새에게 날 수 있는 날개를 주셨고,
물고기에게 아가미와 지느러미를 주셨듯이

인간에게는 예배하는 몸과 영혼을 주셨습니다.

다만 원죄로 인해 그 본성이
처절하게 훼손되고 약화되었을 뿐입니다.

하나님이 주체이신 예배에서만 그 은혜의 기능이 온전히 회복됩니다.
그리고 회복된 예배의 요소들(찬양, 기도, 말씀, 성례)을 통해
우리는 그리스도를 '아는' 사람으로 빚어져 갑니다.

여기에서 다시, 그래서 예배에 어쩔 수 없이 집중하지 못하는
상태에 놓인 사람은 어떻게 해야 할까요?
출구를 찾지 못하던 저는 한 설교에서 답을 찾게 되었습니다.

예배는
살아계신 하나님을
뵈러 나아가는 것입니다.

예배를 '드리러' 나온다고 생각했던 제가
찬양하지도, 설교를 듣지도 못하는 상태에서 낙심하던 중에
그것은 빛과 같은 깨달음이었습니다.

살아계신 하나님을 뵈러 나오는 것입니다.
설교를 잘 듣기 위해서도,
찬송을 잘 부르기 위해서도 아니고.
(물론 힘을 다해야겠지만)

하나님을 뵈러 온 것입니다.
내 상황 그대로, 내 상태 그대로.

틈새를 통해서라도 하나님을 바라봅시다.
하나님은 나의 애씀을 보실 것입니다.

"예배는 좋은 느낌이 아니라
선하게 되는 것과 관련이 있다."

- 마르바 던

참고도서

1. 『고귀한 시간 '낭비' - 예배』, 마르바 던, 이레서원
2. 『성경적 예배』, R. C. 스프라울, 지평서원
3. *시광교회 2011년 설교, "바른 예배를 회복하라", 이정규

구약을 읽다보면 가끔 하나님이 이상해 보이는 장면에 부딪힙니다.

약속의 땅 가나안에 이르기 위해 타민족을
(아이까지 몽땅) 멸망시키는 부분이라든가,

자손을 위해 시아버지를 유혹하는 며느리 이야기라든가,
자세히 들춰보기 전엔 비상식적으로 보이는 장면이 한두 곳이 아니죠.

성경을 깊이 이해하려면 여러 준비가 필요한데(시대적, 문화적 배경 이해),
사실 기본 자세만 바로 서 있어도 하나님을 오해하지 않을 수 있습니다.

많은 난해 구절 중 특히 고개가 갸우뚱해진 부분은
열왕기상 13장에 나오는 하나님의 사람이었습니다.

그는 하나님의 계시를 받아 여로보암 왕에게 말씀을 전하러 갔다가,

왕이 식사와 선물을 권유했으나 먹지도 마시지도 말라는
하나님의 말씀에 따라 이를 거절하고 나왔죠.

가는 길에 한 늙은 선지자가 나타나 그에게 또 식사를 권유합니다.

하나님의 사람은 처음에는 그의 권유도 거절합니다.
하지만 강요에 가까운 권유에 못 이겨 그를 따라갑니다.

그러다 식사중에 하나님의 징계를 받게 될 것임을 알게 되고,
돌아가던 길에 사자에 물려 죽고 맙니다.

상상이 되시나요? 음식을 먹다가 징계의 말씀을 듣고
깜짝 놀라 황급히 나섰지만 결국 죽고 만
그 사람이 떠올라 불쌍했고, 제가 다 억울했습니다.

이 상황을 남편이 명절에 어머니와 함께
전 부치는 장면을 예로 들어 설명해주었습니다.

어머니가 잠시 자리를 비웁니다.

냄새가 너무 좋아도 남편은 꾹 참죠.
어머니가 먹지 말라고 하셨으니까요.

그러다 형이 들어와 말합니다.

남편은 그 말을 듣자마자 허겁지겁 전을 먹었죠.

하나님의 사람은 어땠나요?
하나님과 소통할 수 있었던 그가 왜
'자칭' 선지자라는 사람의 말만 믿고 홀랑 그를 따라갔을까요?

그는 하나님의 말씀에 확신이 없었던 겁니다.

게다가 그 늙은 선지자는
여로보암 왕이 멋대로 세운 벧엘의 거짓 선지자였으며,

하나님의 사람이 여로보암 왕에게 행한 기적을 듣고
시험해보려는 마음으로 그에게 교묘히 다가갔던 거죠.

거절해도 교묘하고 집요하게 유혹하는 이,
그리고 그 꼬임에 넘어가 징계를 받은 사람.
이 대목에서 혹시 사탄과 하와(아담)가 떠오르지 않나요?

유혹한 사람이 악한 자이긴 하지만,
결국 책임은 약속한 사람에게 있습니다.

흐흐 손 나았네.

이 사건은 하나님께서 여로보암 왕에게 다시 한번
돌이킬 기회를 준 두 번째 징조로도 볼 수 있습니다.
그럼에도 여로보암 왕은 악에서 돌이키지 않았습니다.

즉, 이 본문은
끝까지 구원의 기회를 주시며 신실하신 하나님과,

그럼에도 끈질기게 불순종하는 이스라엘의 관계를
상징적으로 보여주고 있습니다.

성경은 하나님과 그분의 방식을 역사적 내러티브를 통해
그 시대의 언어와 문화로 이야기하고 있습니다.

우리는 하나님의 시선으로 성경 말씀을 보고자 힘써야 합니다.
그래야 문맥의 진정한 의미에 조금씩 다가갈 수 있습니다.

참고도서

1. 『UBC 열왕기』, 이안 프로반, 성서유니온선교회
2. <묵상과 설교>, 2017년 5, 6호, 성서유니온선교회

#교회

이 귀여운 에피소드는 중등부 사역자인 남편이
중등부에서 직접 겪은 일입니다.

남편은 어린 시절 아버지가 목회하는 교회에서
태어나고 자라서 교회가 곧 집 같았고,
그곳에서 곧잘 뛰어놀았다고 합니다.

그 시절에 금기시 된 공간이 있었는데,
바로 강대상이었습니다.

주일학교 시절부터
교회를 다닌 사람이라면
비슷한 경험이 한두 번쯤
있을 겁니다.

하나님 말씀 전하는 곳에
함부로 올라가면 안 돼!

교회란 무엇일까요?

교회의 가장 중요한 특징은 '예배 드리는 공동체'입니다.
따라서 오늘날의 교회는 구약시대의
이스라엘 공동체에 해당합니다.

역사적으로 이 개념이 어떻게 흘러왔는지
살펴보면 크게 네 단계가 있습니다.

출애굽 시대의 **광야교회**

* 실제로 천막을 들고 다니진 않았고 이동할 때마다 해체해서 들고 다녔지만,
전달력을 높이기 위해 재밌게 표현해봤습니다(민 1:50-53).

솔로몬 시대의 **건축물 성전**

포로기 시대의 회복을 기다리는 **성전**

그리고 완성된 성전으로 오신 **예수님**

그중 성전이 가장 가시적으로 빛났던 건 솔로몬 시대지만,
솔로몬 자신도 그 성전의 의미와 한계를 알고 있었습니다.
그의 봉헌 기도를 보면 잘 알 수 있죠.

하나님이 참으로 사람과 함께 땅에 계시리이까
보소서 하늘과 하늘들의 하늘이라도
주를 용납하지 못하겠거든
하물며 내가 건축한 이 성전이오리이까.

- 역대하 6장 18절

이 말씀은 하나님의 무한하심과 편재하심을 드러내고 있습니다.
온 우주를 동원해도 무한한 존재이신 하나님을 모실 수 없지만,
하나님께서는 특별히 예루살렘 성전을 선택하셨습니다.

하나님은 그곳에서 이스라엘 백성을 만나며
그들과 인격적인 교제를 나눌 것이라고
약속하셨습니다.

하나님은 자기 이름을 성전에 두셨고, 그곳에서 드리는 성도의 기도를
들으셨습니다. 이름을 두셨다는 것은 그곳에 영적으로 계시겠다는
약속이며, 그 성전이 하나님께 속해 있음을 의미합니다.

신약 시대에 이르러 우리는 성전이 가리키는 진짜 실재인 예수님의
이름으로 장소에 제한받지 않고 자유롭게 기도할 수 있게 됩니다.

예수 그리스도의 오심으로 구약의 건물과 의식은
더 이상 필요치 않게 되었습니다.

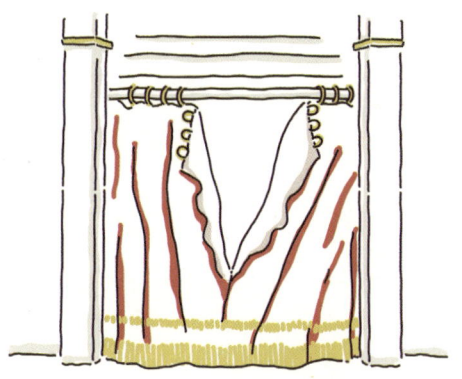

* 위에서 아래까지 찢어진 성소 휘장(막 15:38)

그렇게 교회(예배당)는 예배가 가능해진
'믿음의 식구(=교회)'를 담는 그릇이라는
포괄적인 의미를 가지게 되었습니다.

'예배를 드리는 것'이 목적이고, 건물인 '예배당'은 그 수단이 됩니다.
이 두 의미가 뒤바뀌는 순간
교회의 참 의미는 흐려지기 시작할 것입니다.

참고도서

1. 『교회, 그냥 다니지 마라』, 조슈아 해리스, 좋은씨앗
2. <목회와 신학>, 2000년 4월, "성전과 예배 그리고 교회와 예배당", 김서택
3. 『ESV 스터디 바이블』, 크로스웨이 ESV 스터디 바이블 편찬팀, 부흥과개혁사

흔히 '회개' 하면 떠오르는 장면이 있습니다.
펑펑 울면서 용서를 구하는 장면이죠.

죄를 고백하는 기도를 하더라도
펑펑 울고 나면 회개한 것 같고,
덤덤하게 끝내고 나면 회개를 제대로 하지 못한 느낌입니다.

만약 그렇게 느끼고 있다면,
당신은 회개를 잘못 알고 있는 것입니다.

"우리는 회개 때문에 용서받는 것이 아닙니다."

가령 법원에서 사형을 선고받은 범죄자가
판사에게 진심으로 죄를 뉘우치고
용서를 빌었더니

판사가 무죄 판정을 내려줬다 칩시다.

만약 이랬다면
그는 불의한 판사가 됩니다.

판사가 사형 판결을 내리려 할 때,

누군가가 이렇게 나서서 당신 대신 사형을 당합니다.

이것이 바로 속죄입니다.
사형 선고가 예정된 범죄자는
'대신 죄를 받은 사람' 덕분에
사형을 면하게 되죠.

회개란 이 사실을 인지하고,
대신 죄를 짊어진 이를 보는 '행위'입니다.
이것은 하나님을 전심으로 사랑할 수 있는
유일한 출발점이자 완성점입니다.

솔직히 이런 말 들어본 적 있지 않나요?

이 질문에 어떻게 답변하시나요?

한국 교회 이미지의 현주소를 드러낸, 회개에 관한 영화가 있습니다. 조금 오래된 영화이지만, <밀양>은 한국 교회가 비기독교인에게 어떻게 비춰지는지 여과없이 보여줍니다.

아들이 살해당한 여자 신애.
그녀는 교회에 다니면서 '용서'라는 은혜를 알게 됩니다.

그 은혜를 나누기 위해 아들을 살해한 자에게 가죠,
용서하기 위해.

그러나 거기에서 무너집니다.
그 살인자도 감옥에서 '용서'받았다는 사실을 알게 되거든요.

**내가 용서를 안 했는데,
'감히' 누가 그를 용서했다는 거야?!**

그 살인자는 진정한 용서를 얻은 걸까요?

결론부터 말하자면 절대 아닙니다.

우리 주님은,

형제에게 지은 죄가 있을 때 용서를 구하지 않는다면

예물도 받지 않는다고 하셨고(마 5:23-24),

예배를 드리러 나오는 자가 사람들 사이에서 부도덕하게 사는 것을 못 견뎌 하셨습니다(사 1:13-17).

만약 그 범죄자가 진정한 회개를 통해 용서를 경험했다면
이런 장면이지 않았을까요?

만약 이랬다면 신애가 그렇게 무너지진 않았을 것이라고
조심스레 상상해봅니다.

십자가로 인한
진정한 화평은,

위(하나님)와 아래(인간)를
이어주면서

양옆(성도들)으로도 이어진다는 것을 명심합시다.

"그리스도께서 십자가에서 죽으시며
우리의 죗값을 치르신 덕분에
회개하면 용서받을 수 있는 길이 우리에게 열렸습니다."

– 이정규

참고도서

1. 『회개를 사랑할 수 있을까?』, 이정규, 좋은씨앗
2. 『너의 죄를 고백하라』, 존 스토트, IVP
3. 『그리스도의 십자가』, 존 스토트, IVP

야베스가 이스라엘 하나님께 아뢰어 이르되
주께서 내게 복을 주시려거든 나의 지역(개역한글에선 '지경')을
넓히시고 주의 손으로 나를 도우사 나로 환난을 벗어나
내게 근심이 없게 하옵소서 하였더니
하나님이 그가 구하는 것을 허락하셨더라.

– 역대상 4장 10절

책으로도 나와 엄청난 판매부수를 자랑했던 『야베스의 기도』.
한 번쯤 들어보셨을 겁니다. 이 기도, 어떻게 알고 계신가요?

저 또한 이 기도를 한동안 붙든 시절이 있었기에
'보통' 어떤 생각으로 이 기도를 붙잡는지 알고 있습니다.

선한 사업에 부유한 자(딤전 6:18, 물질로 해석하는 경우)가
꿈인 분들이 꽤 애용하는 기도문이죠.

여기에서 "지역을 넓히시고"라는 부분에 초점을 맞추는데,
이것을 아주 다양한 방면으로 활용해 기도하곤 합니다.

וְהִרְבִּיתָ אֶת־גְּבוּלִי

그 시대에 야베스의 기도를 들어주셨던 하나님께서 과연

우리가 생각하는 관점에서
이 기도를 받아들이고 들어주셨던 걸까요?

히브리어 원어로 이 단어의 용례를 살펴보면
주로 '토지'에 관한 뜻으로
사용되었음을 알 수 있습니다.

구약의 전체 구조에서
중요한 골격을 담당하는 '땅'.

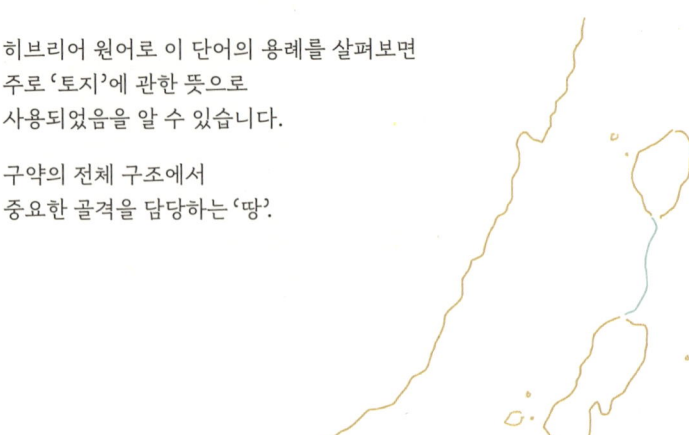

하나님은 아브라함에게 땅을 약속하시고
가나안 백성을 몰아내기까지 하셨으며,
야베스에게도 그가 바라는 대로
지역을 넓혀주셨습니다.

이 맥락들이,
오늘날 내가 갖고 싶은 것을 구할 때
쉽게 적용할 수 있는 내용일까요?

우어어 나도 가나안~~
주세요!!

하나님은 이스라엘 백성에게
자신이 그들의 여호와 하나님이심을
깨닫게 하기 위해
가나안 땅을 주셨습니다.
물질을 통해 하나님과의 관계를
확인시켜준 것이죠.

따라서 이스라엘 백성은 그 땅에서 여호와께서 그들의 하나님이심을
드러내기 위해 열방에 빛의 역할을 했어야 합니다.

'하나님의 백성',
하나님은 그 역할을 저버리며 사는
세대는 이방 민족에게 땅을 빼앗기게
내버려두기도 하시면서,
그들이 잊지 않도록
개입하셨습니다.

시대가 지나면서 원래의 의미는 흐려졌지만,
그 가운데서도 하나님께서 정하신 가치를
목숨처럼 지킨 사람이 있습니다.

바로 나봇이라는 사람입니다.
그는 왕궁 근처에서 포도밭을 일구었죠.

왕궁에 거하는 자는 악한 왕으로 손꼽히는 아합이었습니다.

그는 왕궁 근처에 있는 나봇의 밭을 탐냈습니다.

아합은 나봇에게 충분한 보상을 제시했지만,

나봇은 그 밭을 "내 조상의 유산"이라 칭하고
여호와께서 금하시는 일이라며 요청을 거절합니다.

왕이 보상을 제시하는 상황을 보면(왕상 21:2) 이미 이스라엘 내에서
토지 매각이 드문 일이 아님을 유추할 수 있습니다.

나봇은 목숨을 걸고 "여호와께서 모든 토지의 소유주시다"라는,
당시 사람들 눈에 케케묵은 신앙을 근거로
왕의 요청을 거부하고 있는 겁니다.

결국 왕비 이세벨의 계략으로 나봇은 죽습니다.

만약 현시대였다면 나봇은
"내 밭이 왕궁 근처에 있는 건 하늘이 주신 기회야!"라며
하나님께 감사드리고 밭을 팔았을 확률이 높습니다.

하나님은 당신과 이스라엘 백성의 관계가 어떠한지
땅을 주심으로 드러내셨고,

그들이 그 땅에서 하나님의 백성으로 사는 모습을 보기 원하셨습니다.

선물로 받은 땅에서 하나님의 백성이
지켜야 할 것들은 법으로 제정되었고,
그것이 바로 모세오경의 면제년법이나 희년사상입니다.

이 두 사상의 핵심은 땅의 영구적, 사적 소유 금지였습니다.

바다에서 낚시를 마음껏 할 수는 있어도
바다에 소유권은 존재하지 않는 것처럼,
토지 또한 하나님께만 소유권이 있다는 것입니다.

이는 하나님을 믿는 백성이 '땅'에서 어떻게 살아야 하는지
명시적으로 보여준 제도입니다.
가난이 대물림되는 현실을 바로잡는 사회 안전망을 구조화한 것이죠.

빚 탕감과 노예 해방, 토지 반환.
이 세 규정을 한마디로 정의한다면 '새출발'입니다.

구약의 율법이기에, 이스라엘 땅에만 해당하는 이야기라고
멀게만 느껴지시나요?

희년법을 주신 하나님의 선하신 의도를 파악한다면
이스라엘 땅에만 적용하고 끝내는 잘못을 범하지 않을 것입니다.

특히 예수님께 영생 상담을 받으러 온 부자 청년의 상황도
자세히 뜯어볼 필요가 있습니다(막 10:21).

이 부분에서 "그 사람은 재물이 많은 고로 이 말씀으로 인하여 슬픈 기색을 띠고 근심하며 가니라"(막 10:22)고 나옵니다.

$$κτήμα$$

헬라어 '크테마'는 문맥상 재물보단 토지를 가리킵니다.
헬라어 구약성경(70인역)에는 '토지'라는 의미로 더 많이 쓰이죠
(잠 23:10, 호 2:15, 욜 1:11).

당시 유대사회는 구약성경의 토지법을 잘 지키지 않았고,
이른바 '부유한' 자들이 토지를 많이 가지고 있었습니다.

균형 잡힌 토지 소유가 이미 지켜지지 않는 사회에서
토지를 많이 가진 자는 구약성경의 토지법을 어기면서도
별로 죄책감을 느끼지 못했습니다.

레위기 25장에서 말하는 희년법은 단지 도덕적인 명령이 아니라,
국가 공동체를 유지하기 위해 고안된
주도면밀한 정치적 장치였습니다.

이 제도의 핵심은 개인별, 가족별 재산상의 차이를 인정한다는 것입니다.

묵은 땅을 주기적으로 갈아엎어 비옥도를 높이듯,
공동체의 불평등에 사회적 기경과 객토 작업을 해주자는 것이죠.

토지를 재테크 수단으로 삼는 것, 그 위험성은
거주민의 생활로 땅값이 올라도 그 이득은 땅주인에게만 돌아가고,
정작 거주민은 비싼 비용(임대료)을 견디지 못하고
그곳을 떠나야 하는 경우를 보면 쉽게 알 수 있습니다(예: 홍대 거리).

우리가 잘 알고 있는 종교개혁자들(칼뱅과 루터)도 토지에서 나오는
불로소득의 공유를 주장했고, 불우한 이웃을 돌보는 일은
국가 차원에서 해결해야 한다고 말했습니다.

불우하고 가난한 이들을 위한
구제와 의료는 시 당국 차원에서
제도화해야 한다.

개인의 재산은
사랑의 규범에 기초한다.

사회주의도 자본주의도 뛰어넘는,
사회경제적 바람을 자발적으로 성취하는 축제 열기가 가득 찬 운동.

하나님나라의 공동체는 이러한 운동을 생각할 수 있어야 합니다.
함께 고민할 때 실현 가능한 방향을 모색할 수 있습니다.

쉬운 예로, 사흘 굶은 장발장이 고대 이스라엘에 태어났다면
절도죄로 감옥에 갔을까요?

오히려 보호를 받았을 것입니다.
굶은 자의 생존권은 사유재산권보다 더 신성한 권리였으니까요.

네 이웃의 포도원에 들어갈 때에는 마음대로
그 포도를 배불리 먹어도 되느니라
그러나 그릇에 담지는 말 것이요
네 이웃의 곡식밭에 들어갈 때에는
네가 손으로 그 이삭을 따도 되느니라
그러나 네 이웃의 곡식밭에 낫을 대지는 말지니라.

- 신명기 23장 24-25절

사고로 다쳐서 일하지 못하던 중년 남성이
병든 노모를 부양하기 위해 마트에서 도둑질했던 일,
(마트 측에서 선처를 요구했지만 그는 처벌받았습니다.)

그리고 생활고를 견뎌내지 못해 자살한 일가족을
어떤 마음으로 바라보고 있으신가요?

> 주인 아주머니께...
> 죄송합니다.
> 마지막 집세와 공과금 입니다.
> 정말 죄송합니다.

사회에서 일어나는 이런 아픔 앞에서 우리는 생각하고 고민해야 합니다.

희년운동을 통해 우리는 주어진 조건 바깥을 보고,
우리 사회에 만연한 관점 너머를 생각해볼 수 있습니다.

그리스도인은 단순히 주어진 일에 최선을 다할 뿐 아니라,
내가 하는 일이 이 땅에 하나님나라를 세우는 일과
어떻게 연관되는지 끊임없이 고민해야 합니다. 그렇지 않으면
노예무역선의 '착한' 선원이 될 수도 있음을 기억해야 합니다.

하나님께서는 우리가 풍족하길 바라시지만,
이웃을 돌보고 아낄 만큼 풍족해지길 바라십니다.

참고도서

1. 『현대를 위한 구약 윤리』, 크리스토퍼 라이트, IVP
2. 『복음의 공공성』, 김근주, 비아토르
3. 『이매진 주빌리』, 양희송, 메디치미디어
4. 『희년, 한국사회, 하나님나라』, 김근주·김유준·김회권·남기업·신현우, 홍성사

#성탄

우선, 목자들이 양을 데리고 다니려면 12월은 춥습니다.
혹자는 3-4월, 아니면 10월이라고도 말하죠.

그렇다면 왜 12월 25일일까요?

그 당시(4세기) 워낙 많은 사람들이(특히 로마인)
태양신을 섬겨서,

성경의 근거와는 상관없이 이교도의 축제일을
예수님 생일로 하기로 정한 날이 매년 이어진 것이라고 해요.

(어이없는데, 진짜 그렇답니다.)

그리스도의 성육신 얘기를
주기적으로 들으면 유익하잖소.

그 당시 사람들이
태양신을 섬기던 풍습 속에서
예수님을 기억했던 것처럼

우리는 술집과 호텔이
가장 문전성시를 이루는 크리스마스에
예수님을 기억하고

이웃을 사랑하며
거룩하게 보내면 됩니다.

그런데 크리스마스 때마다 듣는 하나님의 복음,
보석보다 값진 이 내용을 우리는 얼마나 잘 알고 있을까요?

값진 보석일수록 잘 관리해주지 않으면
때가 끼고 빛을 잃게 마련입니다.
우리가 복음을 대하는 자세도
마찬가지죠.

언젠가 한 번쯤 보았을 성탄 성극을 상상해봅시다.
추운 겨울날, 만삭인 마리아를 이끌고 가는 요셉.

마을 어귀에 들어서자마자 마리아가 산기를 보입니다.

허둥지둥 여관문을 두드려보지만 들어갈 수 있는 방이 없죠.

한 마굿간을 겨우 얻어 들어가 여물통에 뉘인 아기 예수님.
우리는 이 얘기 중 얼마나 정확히 알고 있는 걸까요?

우선, 요셉은 왕의 자손이었습니다.
고향에서 문전박대 당할 만한 사람이 아니에요!

그 당시 평범한 집 안에는 가축을 두는 장소가 있었다고 합니다.

마리아와 요셉은 그런 평범한 가정집(아마 친족의 집) 안, 가족이 머무는 공간에 있었다고 볼 수 있습니다.

*당시 문화를 잘 아는 시기까지는 이 주장이 일반적이었습니다.

아기 예수님이 정말 춥고 허름한 마굿간에서
어쩔 줄 몰라하는 어린 엄마와 아빠와 함께 있었다면,

천사의 소식을 듣고 달려온 목자들이 가만히 있었을까요?

그 밖에도 아기 예수님은 언제 태어나셨는지,
선물에는 어떤 의미가 담겨 있는지, 동방박사는 정말 세 명이었는지…

무심코 지나칠 수 있는 디테일에 대해 깊이 알게 된다면,
더 풍성한 성탄의 의미를 발견하게 될 것입니다.

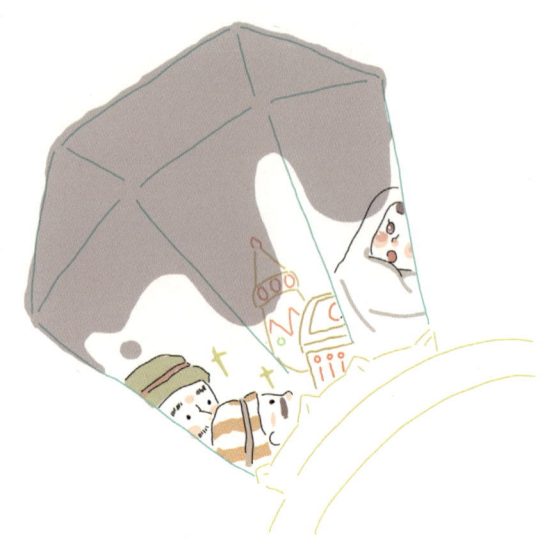

혹시 아이를 키우고 계신 부모님들,

아이의 동심을 지켜주고 싶은 마음에,
산타 할아버지의 비밀을 숨기고 계신가요?

우는 아이에겐 오지 않는 산타는 없지만,
우는 아이를 위해 오신 예수 그리스도가 정말 있다고
참 신앙의 동심을 심어주는 건 어떨까요?

참고도서

1. 『중동의 눈으로 본 예수』, 케네스 E. 베일리, 새물결플러스
2. 『팀 켈러의 예수』, 팀 켈러, 두란노
3. *시광교회 2017년 12월 24일, 25일, 31일 성탄 설교, 이정규

3부
그리스도인으로 산다는 것

#인도하심
#본
#소명
#습관
#싫증

3부를 열며 / 황영광

신앙생활은 저절로 되지 않는다

오늘 아침에도 성경을 읽고 기도를 합니다. "그래, 내게 능력 주시는 자 안에서 내가 모든 것을 할 수 있어!"라고 빌립보서 말씀을 다시 한번 되뇌며 일어나 잠시 세상과 무관한 듯 묵상하던 몸과 영혼을 세상의 시계에 맞추기 시작합니다. 하지만 직장 또는 학교를 향해 지하철을 탄 순간부터 이미 마음잡기에 실패한 자신을 어렵지 않게 발견하게 되지요. 어느덧 저녁, 이리 치이고 저리 치인 하루를 뒤로하고 집에 돌아와 드러누워 천장 형광등을 쳐다보고 있노라면 '그리스도인으로 산다는 게 대체 뭐지?'라는 생각이 듭니다. 집에서 하루 종일 아이를 돌보며 씨름하는 엄마들도 사정이 다르지 않습니다. 세상에 쉬운 일이 어디 있나요?

분명 '기독교 세계관'도 배웠고 '성경적 개념'도 배웠는데, 일상 속에서 그 지식들은 다 어디로 간 걸까요? 그래서 작가는 1부에서는 기독교 세계관을, 2부에서는 꼭 챙겨야 할 성경적 개념을 살펴본 후,

3부에서 그 특유의 감수성으로 그리스도인으로 '산다는' 것에 대해 고민합니다. 기독교 세계관과 성경적 개념을 잘 안다고 해서 저절로 그렇게 살아지는 건 아니니까요. 그리스도인이라는 이름은 올바른 성경적, 교리적 지식을 넘어 삶으로 살아낼 때 주어진다는 것, 3부의 첫 번째 관전 포인트입니다.

두 번째 관전 포인트는 질문이라는 형태로 내미는 작가의 손입니다. 그는 단지 그림과 글을 공감 있게 풀어내는 데서 그치지 않습니다. "많이 힘들었겠다"라고 위로하고 마침표를 찍는 대신에 독자를 물음표 안으로 초대합니다. 그리스도인의 삶은 저절로 살아지는 것이 아니라는 사실 자체가 우리 삶에 얼마나 많은 질문들이 산재해 있는지를 보여줍니다. 때론 자괴감에, 때론 순수한 의문이나 의심에, 어떨 땐 분노와 수치심에 질문합니다. 질문의 동기가 무엇이든 질문은 소중합니다. 답을 향한 추진력을 제공하기 때문이지요.

작가는 인도하심에 대해 생각하며 묻습니다. "내가 하는 기도는 어떤 형태인지 생각해본 적 있으신가요?" 본에 대해 고민하면서는 이렇게 반문합니다. 생활습관도 누군가의 삶을 보고 익히는 것인데 "하물며 신앙은 어떨까요?" 소명과 씨름하면서는 "이런 현실에서 소명에 속한 삶을 어떻게 만족스럽게 살아낼 수 있을까요?"라고 묻습니다. 습관을 생각하면서는 자기 자신에게 질문합니다. "아이가 아니라, 아이를 돌보고 있는 '나'를 더 아끼고 있었던 건 아니었을까?" 끝으로 그리스도인이라면 누구나 마주하게 되는 신앙의 싫증에 대해 함께 고민하기 위해 질문합니다. "반복되는 신앙생활에서 기쁨을 느끼는 사람과 싫증을 느끼는 사람의 차이는 어디서 올까요?" 그의 질문은 진솔하며 꾸밈이 없고 무엇보다 공감을 이끌어내면서도 거기서 머물지 않고 해답을 향해 함께 가자고 독자에게 내미는 손입니다. 그 손을 잡고 질문 속으로 들어가 이야기를 듣다보면 어느덧 작가와 함께 자기 삶을 향해 질문하는 자신을 발견하게 될 것입니다.

세 번째 관전 포인트는, 하나님 앞에서 고민하는 작가의 태도입니다. 문제 앞에서 올바른 태도를 보이기란 여간 어려운 일이 아닙니다. 자기 문제를 마주하고도 대수롭지 않게 넘기는 것이 올바르지 않지만 얼굴 붉히며 무작정 덮어두는 것도 옳지 못하지요. 교회 문제나 사회 문제도 마찬가지입니다. 내 문제가 아니기 때문에 손가락질하기 참 쉽습니다. 반대로 내 문제가 아니기 때문에 굳이 고민하는 에너지를 쓰고 싶지 않을 때도 얼마나 많은지 모릅니다.

하지만 작가는 자신의 문제와 외부의 문제를 있는 그대로 받아들이며 질문합니다. 그리고 말씀을 통해 하나님 앞에서 그 해답을 찾고자 노력합니다. 예를 들어 '소명'을 다룬 장에서는 대부분의 현대인이 일과 소명 간에 조화를 찾지 못해 불행한 것을 단지 참고 이겨내야 한다고 말하지 않습니다. 우리를 답답하게 하는 이 현실을 "오늘의 현실입니다"라는 말로 그대로 담아내네요. 자신의 문제도 돌아봅니다. 디자이너를 꿈꾸던 때와 디자이너가 되고 나서 느끼는 내적 갈등을 그대로 담아냅니다. 그러고 나서 이 문제를 성경 앞으로, 성경적 세계관 앞으로 들고 갑니다. 거기서 찾은 답은 우리의 소명이 특정한 직업이라기보다 "하나님께 부르심 받은 인생, 그 자체"라는 사실이었습니다.

우리는 이어서 이런 생각으로 삶을 다시 살아가고자 하는 작가의 다짐과 권면을 읽게 됩니다. 여기까지 그의 생각을 따라왔다면, 여러분은 신실한 그리스도인이 어떻게 하나님 앞에서 자신의 문제를 고민해야 하는가에 대한 놀라운 지혜를 배운 셈입니다. 우리는 문제를 지나치게 내면화하거나 대상화하지만 성경은 우리에게 그 문제를 마주할 지혜와 해결할 지혜를 함께 제시합니다.

이런 유익을 충분히 누린 여러분에게 두 가지만 더 추천드리고 싶습니다. 첫째, 여기서 다 다루지 못한 문제들로 고민하고 계신가요? 작가가 보여준 본을 따라 실제로 해답을 찾고자 애써보시길 바랍니다. "기독교 세계관과 성경적 개념으로 무장한 나는 어떻게 오늘을 살 것인가?" 우리 모두가 고민해야 할 문제입니다. 둘째, 각 장마다 작가가 참고한 책이 작은 글씨로 기록되어 있습니다. 그 책들을 찾아 읽어보시길 강력히 권합니다. 케빈 드영의 『왜 우리는 하나님의 인도를 바르게 받아야 하는가』, 제임스 스미스의 『습관이 영성이다』, 오스 기니스의 『소명』 같은 책들은 바른 그리스도인을 꿈꾸는 이들에게 귀한 생각의 길을 열어줄 것입니다.

황영광

신학 블로그 <진짜배기> 공동운영자. 총신대학교 신학대학원을 졸업하고, 지혜로운 아내와 귀여운 딸 하나와 함께 미국에서 거주하며 트리니티 복음주의 신학교에서 조직신학 박사 과정에 있다. 한인교회 중고등부를 섬기며 여러모로 연단되어가는 중이기도 하다. 역서로 『좁은 문, 좁은 길』, 『D. A. 카슨의 하나님의 사랑』, 『R. C. 스프로울 사도행전 강해』 등이 있다.

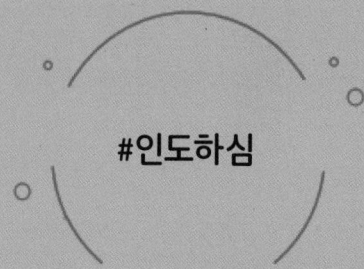

#인도하심

나 그런 말한 적 없다.

모든 선택의 순간에 우리는 기도합니다.

크게 '만남'과 '비전'에 대해 기도하죠.

과연 내가 하는 기도는 어떤 형태인지
생각해본 적 있으신가요?

기도를
시작해볼까?

신앙생활의 문에 들어설 때,
가장 쉽게 접하는 문장.

 1원리   하나님은 당신을 사랑하시며,
당신을 향한 놀라운 계획을 가지고 계십니다.

여기에서 우리는 쉽게 오해합니다.
"나를 향한 놀라운 계획"이라는 매혹적인 문구를.

어디로 갈까요~

'십자가'라는 예수님의 구원사역을 가리키는 문구는
어느새 인생의 지표가 되어,
신비스러운 인도하심을 간구하는 '선택지'가 됩니다.

기도할 때 번뜩 드는 어떤 감정이라든지,
선택지를 생각할 때 떠오르는 아릿한 확신 같은
무언가 특별한 걸 기다리게 되는 것이죠.

하나님께서 원하시지 않는 선택지를 잘못 선택할 경우엔
구덩이에 빠지게 되는 게임처럼 말이죠.

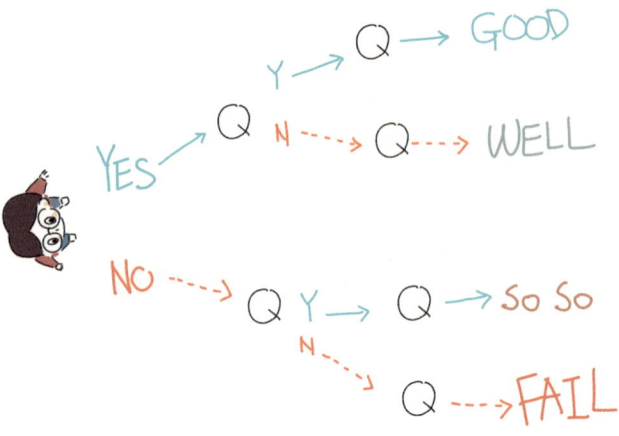

물론 모든 선택 앞에서 기도하는 것은
아주 필요한 자세입니다.

왕이 내게 이르시되 그러면 네가 무엇을 원하느냐
하시기로 내가 곧 하늘의 하나님께 묵도하고.

- 느헤미야 2장 4절

하지만 '어떤' 선택을 하기 위해 기도하는 게 아니라,
선택을 하는 나의 '상태'에 대해 기도해야 합니다.

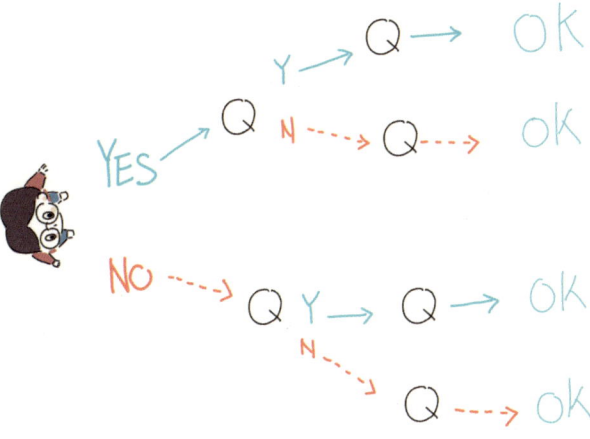

선택하지 못하고 발뺌하는 모습의 이면에는
겁쟁이에 불과한 수동적인 자세가 있습니다.

이 자세의 위험성은 선택한 후에 볼 수 있죠.
"하나님이 분명 B라고 해서 B를 택했는데, 이게 뭐야. 너무해, 나빠!"

바로 '책임전가'입니다.

시험당할 때
하나님께 원망의 목소리를
내는 것이 나쁘다고
말하는 게 아닙니다.
(솔직한 감정표현이니까요.)

다만 '내가 다른 것을 택했다면,
이러지 않았을 텐데'라는 생각은 위험합니다.

하나님께서 당신을 위해 세우신 놀라운 계획은
'성화', 즉 당신을 거룩하게 만드는 것이지
당신을 편하게 인도하는 것은 아닙니다.

하나님을 사랑하고 이웃을 사랑하세요.
그 마음으로 미래에 대한 어떤 결정이든 두려워하지 말고
원하는 대로 선택하면 됩니다.

그렇다면 당신은 이미
하나님의 뜻 안에서 걸어가고 있을 것입니다.

참고도서

1. 『왜 우리는 하나님의 인도를 바르게 받아야 하는가』, 케빈 드영, 부흥과개혁사

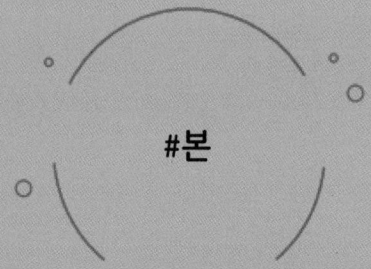

누군가에게 배움을 얻는다는 건,
언어가 아닌 삶을 보고 익히는 것입니다.
생활습관도 이런데 하물며 신앙은 어떨까요?

예수님의 섬기심, 하면 쉽게 떠오르는 이미지가 있습니다.
바로 제자들의 발을 씻기시는 모습이죠.

예수님은 이 땅에 섬기러 왔다고 하셨고,
직접 섬기는 모습을 보여주십니다.

바울도 자기를 본받으라고 합니다.

한 사람으로서 하기 힘든 말인데도 불구하고,
그는 감히 그렇게 말하고, 실제로 본받을 만한 삶을 삽니다.

그런데 오늘날 '그리스도인' 하면 무엇이 연상되나요?
각종 뉴스에 등장하는 '목사'라는 직업을 가진
추악한 사람들이 떠오르진 않나요?

과연 우리는 그들이 '일부'에 불과하다고, 나를 포함해 대부분의
그리스도인은 그렇지 않다고 자신 있게 말할 수 있을까요?

멀리서 찾지 않아도 당장 내 주변을 둘러볼 때,

교회를 벗어난 곳의 관계에서 신뢰하고 본받을 만한
'그리스도인'을 과연 몇 명이나 만나셨나요?

신앙을 표방했기에
더 배신감 드는
결말로 끝나버리는
애매하고
모호한 관계를,

우리는 어렵지 않게
만납니다.

참된 본이 되시는 예수님 대신에
불완전한 사람들에게서
본을 찾으려 했기 때문에
이런 일이 일어나는 건
아닐까요? 그래서 관계가
흠집투성이로
남는 건 아닐까요?

참된 본이 되신 예수님은
우리에게 서로 사랑하라고 명령하셨습니다.

상대의 어떠함을 떠나 사랑할 수 있다면,
하나님께서 알려주고 싶으셨던 참 행복을 누리게 될 겁니다.

내가 오늘 네 행복을 위하여 네게 명하는
여호와의 명령과 규례를 지킬 것이 아니냐.

- 신명기 10장 13절

하지만 그 과정에서 우리는,
사랑할 수 있는 힘조차 없음을 실감합니다.

한두 번 생채기 난 마음이 된다면,
누군가를 다시 사랑하기가 힘겨울 것입니다.

하지만 우리는 언제나 새롭게 하시는 완전한 사랑을 옷 입고,
그 안에서 풍성한 안식을 바라보아야 합니다.

그렇게 할 수 있다면 의무가 아닌 기쁨으로,
이웃 사랑의 길을 걸어갈 수 있을 것입니다.
오직 한 분 예수 그리스도의 본을 따라서.

참고도서

1. 『우리가 하나님을 오해했다』, 김형익, 생명의말씀사

#소명

현대사회에서 중상류층에 속한 사람들은 '소명'과 '일'이
서로 조화되어 성취감을 맛볼 수 있을지 모릅니다.

하지만 수많은 사람들, 아니 어쩌면 대부분의 현대인은
일과 소명 간의 만족스러운 조화를 맛보지 못합니다.

일을 그저,
생존에 필요한 수단으로 보는 것이
오늘의 현실입니다.

이런 현실에서 소명에 속한 삶을
어떻게 만족스럽게 살아낼 수 있을까요?

하고 싶은 것, 잘하는 것.
전 그 두 가지가 분리되지 않았습니다.

그림과 관련된 일을 하고 싶었고
스스로 자신감도 가득했습니다.

20대 초반에 하나님을 알게 되면서
내가 가진 것으로 하나님의 영광을 나타내고 싶었고,

그럴 수 있으리라 확신도 했습니다.
그것이 나의 소명이라고 생각했습니다.

저는 하나님 안에서 하고 싶은 게
분명히 있는 사람이라는 걸 아주 자랑스럽게 생각했습니다.

그것이 '자신감'이 아니라,
'자만심'이라는 것을 알게 되기까진
그리 긴 시간이 걸리지 않았죠.

시간이 흐르면서 그림은 그저 안 그리는 사람보단
나은 수준이라는 걸 알게 되었고,

세상엔 금손이
참 많다...

업으로 삼은 디자인은
하면 할수록
어렵기만 했습니다.

자존감에 도취된 나머지, 소명의 의미를 잠시 잊어버렸습니다.

많은 그리스도인들이
특별한 소명(을 통한 개인의 직업)을
격상시키는 잘못을 범하거나

하나님의 영광을 드러내기 위해선
'특별한 소명'이 필요한 것처럼 착각합니다.

나도 내 재능으로
하나님께 영광을 돌릴 거야.

소명을 잘못 인식한 사람들은,
수동적으로 인도받기만을 마냥 기다리면서
'왜 나는 소명을 못 받았을까' 하며 힘들어하죠.

근데 내 재능은 뭐야?
난 뭘 해야 하지?

하나님께서는 어떤 사람을 유급직으로나
종교 전문가로 특별하게 소명을 주신 예가
단 한 번도 없습니다.

그분의 부르심은 오직
구원에 이르는 길로 부르심, 그것뿐이었죠.
즉 소명은 당신이 하나님께 부르심 받은 인생, 그 자체입니다.

물론 특별한 재능을 발견하지 못한 사람에게
앞길을 정하기란 쉽지 않은 일입니다.

하지만 재능이 있는 사람도 별반 다를 게 없습니다.
천재적 재능이 있더라도 슬럼프는 찾아오기 마련이죠.

중요한 것은, 취업을 준비하고 있는 때나
심지어 해고를 당하는 순간일지라도
소명에서 벗어나는 건 아니라는 얘기입니다.

우리는 보통 특별한 일을 찾습니다.
소명에 응답하는 자들에겐 하나님 아래 있는 모든 것이
나름대로 중요한데 말입니다.

특별한 일은 없습니다.
평범한 일을 하는 특별한 삶이 있을 뿐입니다.

"오늘의 평범한 하루는
곧 영원으로 통하는 비범한 날이다."

- 『1세기 그리스도인의 하루 이야기』

참고도서

1. 『소명』 오스 기니스, IVP
2. 『1세기 그리스도인의 하루 이야기』 로버트 뱅크스, IVP
3. *시광교회 2018년 10월 21일 주일 설교, 이정규

#습관

어느 날 쇼핑몰에서 있었던 일입니다.

아이가 놀다 넘어져 당연한 일이려니 하고 태연하게 다가갔는데 지나가는 사람한테 엄마 맞냐는 타박을 들은 일이 있었습니다.

그 소리를 듣고 어쩜 그리 화나고 민망했던지,
더 놀고 싶다고 우는 아이를 유모차에 태워 그 자리를 얼른 벗어났죠.

자식이 자기 체면을 망가트렸다고 불같이 화내는
드라마 속의 아빠 모습을 보며
그때 제 모습이 떠오른 건, 사뭇 유사한 모습이 보였기 때문입니다.

아이가 아니라, 아이를 돌보고 있는
'나'를 더 아끼고 있었던 건 아닐까요?

아이를 키우면서 감정조절이 잘 되지 않는 이유는
바로 이런 데 있습니다.
전혀 예상치 못한 상황 전개 속에서
무의식 중에 날것의 내 성격이 습관적으로 튀어나오는 거죠.

신앙생활은 물론, 육아상식도 있는 대로 구겨넣으면서
왜 감정을 다스리지 못할까요?

"새로운 지식과 정보는 나쁜 습관의 힘을 깨닫는 데 도움이
될 수 있지만, 그 자체가 그런 습관을 버리게 하지는 못한다.
'안다'고 해서 새로운 습관을 가질 수 있는 것은 아니다."

- 제임스 K. A. 스미스

우리는 "그리스도를 옷 입는다"는 문장에 익숙합니다.
실제로 상상해봅시다. 옷은 다양합니다.
평상복이 있고, 정장이 있고, 잠옷도 있습니다.

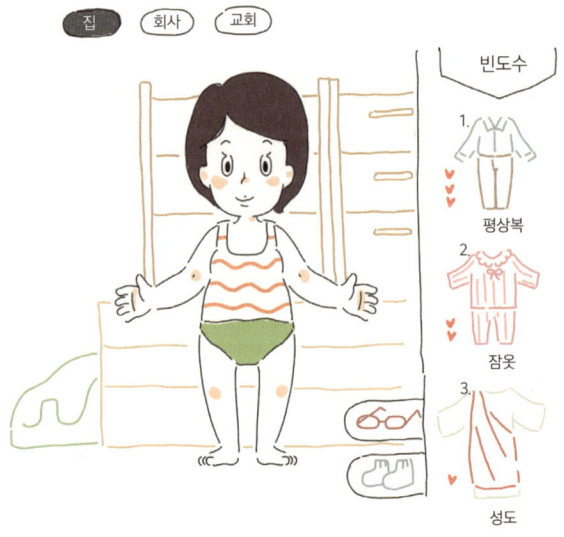

그리스도는 어떤 옷일까요?
적어도 특별한 날에 입는 예복은 아닐 것입니다.

잘못 형성된 습관을 극복하기 위해선 어떻게 해야 할까요?
잘못된 습관을 바로잡고, 성도의 몸에 걸맞는 습관을 들이는 것은
과연 가능할까요?

그리스도를 옷 입고 산다는 것,
즉 선한 습관이란
선한(하나님과 가까이한) 덕을
몸에 익히는 것입니다.

몸의 감각을 잊지 않기 위해

그림을 그리고,

연주를 하고,

운동을 하는 것처럼

영의 감각도 무뎌지지 않기 위해

말씀을 보고,

예배를 드리고,

그 사랑을 나누며

날마다 하나님을
기억하는 훈련을
하는 것입니다.

강물의 방향을 틀어주고 싶어도,
이미 흐르고 있는 물줄기보다 더 큰 물줄기를 만들기 전엔
방향이 바뀌지 않는 것처럼

내가 이미 입고 있던 옷보다 그리스도의 옷에 익숙해진다는 것은
쉽지 않은 일입니다.

다른 측면에서 바라보면 어떨까요?
그 안에서 기쁨을 발견하는 것입니다.

아이들은 지겹지도 않은지 같은 책을 계속 읽습니다.
모든 내용을 알고 있지만, 그 동일한 내용 속에서
성취감과 기쁨을 느낀다고 합니다.

제 아들도 마찬가지입니다.
초콜릿 과자가 나오는 동화책을 늘 갖고 오는데,
첫장을 넘기기 전부터 '초콜릿 과자' 때문에 기뻐합니다.

이 아이처럼 성경에 나오는 십자가를 늘 기뻐한다면,

하나님을 기억하는 습관을
조금 더 단단하게 쌓아갈 수 있지 않을까요?

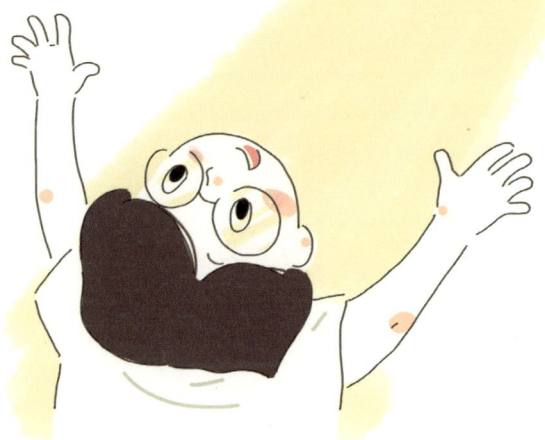

참고도서

1. 『습관이 영성이다』, 제임스 K. A. 스미스, 비아토르
2. 『습관의 힘』, 찰스 두히그, 갤리온
3. 『예배학』, 로버트 E. 웨버, CLC

#싫증

선한 행동을 습관화하기란 쉽지 않습니다.
사실 싫증으로 이어지기 쉬운 길이기도 합니다.

반복되는 신앙생활에서 기쁨을 느끼는 사람과
싫증을 느끼는 사람의 차이는 어디서 올까요?

아마 '죄'에 대한 민감함이 달라서일 것입니다.
'죄'를 대수롭지 않게 여긴다면 어느새 죄에 무감각해지고
신앙생활조차 냉담해진 자신의 모습을 발견하게 될 것입니다.

복음을 처음 알게 될 땐,
그 의미에 깊이
놀라게 됩니다.

암흑 같은 세상에서 새하얀 세상을 발견한 것과 같은
놀라움과 기쁨에 사로잡히게 되죠.

하지만 뛰어노는 내 몸의 상태는
여전히 검은색이어서,

그 흔적 때문에 당황하게 됩니다.

수건으로 끊임없이 닦으면
여전히 하얀 세상을
보게 될 것이고

뭐 어쩔 수 없지, 하며 편하게 지내다보면
회색빛 세상에서
마음껏 놀지도 못한 채 애매하게 살게 될 것입니다.

하얀 세상을 보는 기쁨,
즉 하나님의 영광에 참여할 수 있다는 기쁨에 무감각해질 때,
'싫증'의 단계에 들어서게 됩니다.

구약시대 예언자들은 줄곧 형식적으로 나아오는 이스라엘을 꾸짖습니다.

하나님께서는 제물에 대한 부담을 덜어주기 위해
가난한 자들에겐 길에서 쉽게 볼 수 있는 비둘기를 잡아오라고 하셨지만,

이스라엘 백성은 그조차 귀찮게 여기는 지경에 이릅니다.

그런 이스라엘 백성에게 모욕감을 느끼셨을 만한 하나님께서는
끊임없이 "내가 여호와다"라며 당신을 인식시키고자 하십니다.

너는 나에게 기억이 나게 하라 우리가 함께 변론하자
너는 말하여 네가 의로움을 나타내라.

- 이사야 43장 26절

쉬운 이해를 위해 한 부부의 예를 들어보겠습니다.

* 역할극: 아내 = 하나님, 남편 = 이스라엘 백성

기념일을 맞아 아내가 남편에게 이런 부탁을 했다고 합시다.

* 작을지라도 진심 담은 예배를 원하시는 하나님

보통 이런 태도를 봤다면,
* 형식적인 예배로 무감각해진 이스라엘 백성

이렇게 나왔을 텐데.
* 대노하시는 하나님(???)

하나님께서는 '대답할 때까지' 끝까지,
'말을 걸며' 사랑하십니다.

너는 나에게 기억이 나게 하라 우리가 함께 변론하자.
- 이사야 43장 26절

우리는 박해 시절을 겪는 것도 아니고,

* 로마시대 카타콤 그림 참고

문자가 닫혀 있는 시대도 아닌데, 하나님 만나기를 귀찮아합니다.

* 구텐베르크 인쇄소 그림 참고

저 또한 공동체에서 벗어나 소속된 곳이 없을 때
게으른 자유를 만끽했기 때문에 그 마음을 잘 압니다.

또한 하나님을 만나기 위한 최선의 애씀은
각자 상황에 따라 모양이 다를 것입니다.

그것이 최선의 모습인지는 자신만이 알 것입니다.
중요한 건 '마음의 상태'입니다.

무감각의 형식과 참된 애씀의 습관,
그 기로에서 언제나 스스로에게 솔직한 삶이 되길 소망합니다.

참고도서

1. 『싫증』, 김남준, 생명의말씀사
2. 『이사야Ⅱ』, 존 오스왈트, 부흥과개혁사
3. *시광교회 2019년 1월 18일 금요기도회 설교, 이정규

주일 오후 3시, 생각을 줍다

초판 1쇄 인쇄　2019년 11월 21일
초판 1쇄 발행　2019년 12월 10일

글/그림　송미현
펴낸이　신은철
펴낸곳　좋은씨앗
출판등록　제4-385호(1999. 12. 21)
주소　서울시 서초구 바우뫼로 156, 402호
영업부　TEL (02)2057-3041 FAX (02)2057-3042
대표메일　good-seed21@hanmail.net
홈페이지　www.gsbooks.org
페이스북　www.facebook.com/goodseedbook

ISBN 978-89-5874-327-9　03230

ⓒ 송미현 2019

이 책의 저작권은 저자 및 저자와 독점계약한 도서출판 좋은씨앗에 있습니다.
신저작권법에 의하여 보호받는 저작물이므로 무단 전재와 무단 복제를 금합니다.